회개와 영성 회복

회개와 영성 회복

초판 발행　2015년 1월 15일
지은이　정동진
발행인　한뿌리
펴낸곳　순전한나드 사역연구원
출판사　有하
등록　2014년 4월 24일 제 387-31900002510020000000035호

값 12,000원
ISBN 979-11-85927-01-5

＊이 책의 저작권은 저자에게 있습니다.

회개와 영성 회복

정동진

有하

감
사
의
글
· · ·
·

이 책이 출간되기까지 큰 빚을 진 분들이 계시다. 제자이자 동역자인 박성기 목사님이 출간을 위해 후원해주셨고, 한양훈 목사님은 이 책이 출간되어야 할 동기를 부여해주셨다. 그리고 조갑진 교수님은 헬라어 원문을 감수해주셨다. 세 분께 마음 깊은 감사를 드린다. 또한 순전한 나드 사역원 학우들에게 감사드린다. 2014년 가을 학기에 이 책의 내용으로 강의했을 때 진심 어린 의견을 피력해주었고, 많은 질문으로 사고의 지평을 넓혀주었으며, 이 책을 세상에 펴내는 데 주저하는 내게 큰 용기를 북돋워주었다.

감사의 글 • 05

서문 • 09

1부   개혁주의가 회개하지 않는 이유

1장   회개를 촉구하는 성경의 명령 • 17

2장   회개를 외면한 신앙생활 • 33

3장   회개하지 않아도 되는 첫 번째 이유 • 49
      '칭의'만 강조한 개혁주의 신학

4장   회개하지 않아도 되는 두 번째 이유 • 69
      '예수 믿는 순간 모든 원죄와 자범죄를 용서받는다'

5장   회개하지 않아도 되는 세 번째 이유 • 81
      '예수 믿으면 무조건 천국 간다'

6장   성경과 개혁주의 신조들이 정의하는 성도 • 99

7장   회개하지 않아도 되는 네 번째 이유 • 111
      '한 번 구원은 영원한 구원이다'

차례

2부 회개의 중요성과 필요성

8장　존 칼빈 • 125

9장　개혁주의 신학 • 135

10장　복음서에 나타난 회개의 중요성과 필요성 • 147

11장　바울 서신에 나타난 회개의 중요성과 필요성 • 157

12장　요한계시록에 나타난 회개의 중요성과 필요성 • 173

13장　죄를 깨닫게 하시고 회개로 이끄시는 보혜사 성령님 • 185

14장　바울이 거둔 신앙생활의 열매 • 197

15장　개인과 공동체를 변화와 성숙으로 인도하는 회개 • 209

참고문헌 • 241

서문

나는 초자연적인 은혜로 신앙생활을 시작하게 되었다. 1975년 고등학교를 졸업하고 서울에서 재수하던 시절, 원인 모를 고통에 시달렸다. 그때 시작한 새벽기도회를 통해 난생처음 교회에 출석하기 시작했고, 1977년 2월에 열린 부흥사경회 때 하나님의 특별한 은혜로 치유를 받았다. 그 일을 계기로 신학교에 입학해 2년 6개월 동안 수학했다. 1981년 대학교에 입학하여 3학년이 되던 해 UBF 출신 목자로부터 제자훈련을 받았고, 신학대학원 시절에는 네비게이토의 제자훈련을 받았다. 1991년 12월 말부터 삼각산에서 기도하는 시간을 가졌다.

이렇게 약 10여 년에 걸쳐 제자훈련을 받고 지도자가 되어 훈련자의 삶을 살았음에도 정작 나의 삶에는 큰 변화가 없었다. 그리고 훈련을 통해 삶이 변화되는 제자를 거의 보지 못했다. 1990년경부터 "제자훈련을 통해 왜 사람이 변화지 않는 것일까?"란 질문이 시작되었고 2년여 동안 기도생활에 매진하였다. 성령의 역사와 더불어 시작된 제자훈련은 지식 중심에 머물던 신앙에서 벗어나 다른 이들과 삶을 나누고, 함께하는 생활을 통해 약간의 변화를 경험할 수 있었다. 그러나 그 훈련 기간에는 변화와 성숙이 일어나는 듯 보였지만, 정작 그 과정을 마치면 오래지 않아 원래의 모습으로 돌아가고 말았다.

이 모든 아픔을 잠시 덮고 보다 더 깊은 공부를 위해 1996년 9월 한국을 떠났고, 1999년 12월 말 '셀 처치'(Cell Church)란 도구를 들고 다시 돌아왔다. 그러나 2008년에 접어들며, 사회윤리에는 관대하지만 개인윤리에는 엄격한 한국 사회에서 그리스도인이 말씀 앞에 자신의 삶을 고백하는 것이 쉽지 않음을 보았고, 전통적인 교회는 교리적인 뿌리가 너무나 견고해 의식적인 종교생활에 머물 뿐 성경적이고 생명력 있는 신앙생활과는 거리가 멀다는 것을 발견했다. '무엇이 문제인가?'에 대한 고민이 다시 시작되었다. 이후 4년이란 시간을 '신앙의 본질이 무엇인가?'를 고민하며 성경을 읽어나갔다.

"믿음의 결국 곧 <u>영혼의 구원</u>을 받음이라"(벧전 1:9).

"나의 자녀들아 너희 속에 <u>그리스도의 형상</u>을 이루기까지 다시 너희를 위하여 해산하는 수고를 하노니"(갈 4:19).

"하나님이 미리 아신 자들을 또한 <u>그 아들의 형상</u>을 본받게 하기 위하여 미리 정하셨으니 이는 그로 많은 형제 중에서 맏아들이 되게 하심이니라 또 미리 정하신 그들을 또한 부르시고 부르신 그들을 또한 의롭다 하시고 의롭다 하신 그들을 또한 영화롭게 하셨느니라"(롬 8:29-30).

"이로써 그 보배롭고 지극히 큰 약속을 우리에게 주사 이 약속으로 말미암아 너희가 정욕 때문에 세상에서 썩어질 것을 피하여 <u>신성한</u>(하나님의, 신의) 성품에 참여하는 자가 되게 하려 하셨느니라 그러므로 너희가 더욱 힘써 너희 믿음에 덕을, 덕에 지식을, 지식에 절제를, 절제에 인내를, 인내에 경건을, 경건에 형제 우애를, 형제 우애에 사랑을 더하라"(벧후 1:4-7).

성경은 믿음의 궁극적인 목표를 '영 구원'이라고 분명히 밝히고, 하나님이 예정하고 부르셔서 자녀 삼은 자들이 살아야 할 삶의 목표를 '하나님의 형상, 그리스도의 형상 회복', 혹은 '신의 성품에 참여함'으로 제시하고 있었다. 예수님은 아무나 천국에 들어가지 못한다고 단호하게 말씀하셨다.

"내가 너희에게 이르노니 너희 의가 서기관과 바리새인보다 더 낫지 못하면 결코 천국에 들어가지 못하리라"(마 5:20).

"불의한 자가 하나님의 나라를 유업으로 받지 못할 줄을 알지 못하느냐 미혹을 받지 말라 음행하는 자나 우상 숭배하는 자나 간음하는 자나 탐색하는 자나 남색하는 자나 도적이나 탐욕을 부리는 자나 술 취하는 자나 모욕하는 자나 속여 빼앗는 자들은 하나님의 나라를 유업으로 받지 못하리라"(고전 6:9-10).

예수님은 하늘나라에 들어갈 사람은 그 의가 서기관과 바리새인들보다 나아야 한다고 말씀하셨다. 천국(마 5:20)과 하나님의 나라(고전 6:10)가 동일하다고 이해했을 때 불의한 자들이 천국에 들어가지 것은 대단히 자명한 사실이다. 이 말씀을 기준으로 보았을 때 오늘날 교회에 속한 사람들 가운데 몇 명이나 천국에 들어갈 수 있을까? 이 글을 읽고 있는 당신은 천국에 갈 자신이 있는가? 예수님은 하늘나라에 속한 사람은 그 열매로 분명히 안다고 말씀하셨다.

"이러므로 그들의 열매로 그들을 알리라 나더러 주여 주여 하는 자마다 다 천국에 들어갈 것이 아니요 다만 하늘에 계신 내 아버지의 뜻대로 행하는 자라야 들어가리라"(마 7:20-21).

"주여 주여 하는 사람들"은 말씀을 듣기만 하는 사람들이다(마 7:26-27). "아버지의 뜻대로 행하는 사람들"은 말씀을 듣고 지키는 사람들이다(마 7:24-25). 말씀을 듣고 지켜 아버지의 뜻대로 사는 사람들은 당연히 열매를 맺을 것이다. 어떤 열매일까? 하나님과 그리스도의 형상을 회복한 열매, 신의 성품에 참여한 열매가 아닐까? 그러므로 다음과 같이 마귀에게 속한 열매를 맺은 사람들이 하나님의 나라를 유업으로 받지 못하는 것은 당연한 것이다.

> "육체의 일은 분명하니 곧 음행과 더러운 것과 호색과 우상 숭배와 주술과 원수 맺는 것과 분쟁과 시기와 분냄과 당 짓는 것과 분열함과 이단과 투기와 술 취함과 방탕함과 또 그와 같은 것들이라 전에 너희에게 경계한 것 같이 경계하노니 이런 일을 하는 자들은 <u>하나님의 나라를 유업으로 받지 못할 것이요</u>"(갈 5:19-21).

> "음행과 온갖 더러운 것과 탐욕은 너희 중에서 그 이름조차도 부르지 말라 이는 성도에게 마땅한 바니라 누추함과 어리석은 말이나 희롱의 말이 마땅치 아니하니 오히려 감사하는 말을 하라 너희도 정녕 이것을 알거니와 음행하는 자나 더러운 자나 탐하는 자 곧 우상 숭배자는 <u>다 그리스도와 하나님의 나라에서 기업을 얻지 못하리니</u>"(엡 5:3-5).

나는 이 말씀들 앞에서 주님께 죄송하고 송구해 어찌할 바를 몰랐다. 내가 그동안 삼아온 신앙생활의 목표가 성경이 말씀하는 것과 너무나 거리가 먼 것을 깨달았기 때문이다. 나는 다음과 같은 성경적인 신앙생활의 목표를 외면하고 등한시했었다.

"하나님의 형상을 회복해야 한다."

"그리스도의 형상을 회복해야 한다."
"신의 성품에 참여해야 한다."
"믿음의 종말은 영혼 구원이다."

그동안 나는 대부분의 목회자들과 똑같은 내용을 강조했었다.

"복 받아야 한다."
"축복 받아야 한다."
"치유 받아야 한다."
"은사 받아야 한다."
"능력 받아야 한다."
"부자가 되어야 한다."
"영향력 있는 성도가 되어야 한다."

그렇다면 하나님이 말씀하시는 신앙생활을 어떻게 시작할 수 있을까? 나는 성경을 묵상하고, 여러 경건서적과 종교개혁자들의 저서를 읽으며, 나아가 개혁주의 신학자들의 견해를 탐구하면서 성경이 말하는 신앙생활의 목표에 어떻게 이를 수 있을지를 고민했다.

> "만일 우리가 우리 죄를 자백하면 그는 미쁘시고 의로우사 우리 죄를 사하시며 우리를 모든 불의에서 깨끗하게 하실 것이요"(요일 1:9).

나는 신앙생활의 본질 중에 본질, 신앙생활의 유일한 목표인 '하나님 형상의 회복, 그리스도의 성품에 참여함'은 '회개하는 삶'으로만 가능하다는 것을 마침내 깨달았다. 이를 위해 종교개혁자들이 '칭의'만을 강조하지 않고 '그리스도와 연합' 그리고 '성화'를 더불어 강조한 사실을 발견했다. 하나님과 말씀 앞에서 자신을 돌아보고 회개할 때 하나님은 그의 죄를 사하시고, 불의에서 깨끗하게 해주신다. 죄악 된 삶에서 돌이키게 해주신다. 그리고 예수님이 마귀에게 강하게 사로잡힌 사람들을 위해 '축사'하신 사실도 깨닫게 되었다.

이 책은 오늘날 교회와 성도들이 성경이 말씀하는 신앙생활의 본질인 하나님의 형상을 회복하고, 신의 성품에 참여할 수 있도록 안내자의 역할을 감당하기 위해 쓰였다. 신의 성품에 참여하려면 개인적 변화와 성숙이 있어야 가능하다. 그것은 회개가 뒷받침되어야 시작된다. 그러나 오늘날 교회와 신자들은 회개하지 않는다. 때문에 이 책은 우리가 왜 회개의 삶을 살지 않는지를 진단하는 것으로 출발하고자 한다. 그리고 성경을 통해 회개의 중요성이 어느 정도인지를 살펴보았다. 또한 회개에 대한 개혁주의 신학의 견해를 살펴보았다.

마지막으로 성경말씀처럼 회개하는 삶을 통해 개인과 가정, 교회공동체가 맺은 하나님 형상의 회복과 신의 성품에 참여한 열매를 보여주는 사례로 글을 맺었다.

이 책은 성경과 개혁주의 신학자의 시조인 칼빈, 개혁주의 신앙서인 도르트 신조, 웨스트민스터 신앙고백서 그리고 개혁주의 신학자들의 글에 기초하고 있다.

이 책을 시작하기 전에 선입견을 잠시 내려놓고 이 안내서의 인도를 따라 끝까지 완주해주기를 부탁한다. 그 이후 이 책을 찢든지 불태우든지, 아니면 회개의 삶을 살든지 어떤 결정을 해도 결코 늦지 않을 것이다. 당신이 이 책을 독파하여 마지막 장을 덮을 수 있는 은혜를 주시기를 간절히 기도한다.

1부
개혁주의가 회개하지 않는 이유

1장 회개를 촉구하는 성경의 명령

오늘날 성도들에게 '회개하라!'고 선포하는 목회자를 찾아보기는 쉽지 않다. 1970-80년대에는 부흥집회에서나 주일 설교시간에 '회개하라!'는 말씀이 가끔은 선포되었다. 한국교회는 지난 2007년 '평양 대부흥운동' 100주년을 맞아 교단 연합으로 또는 교단별, 선교회별로 회개운동을 펼쳤다. 그 1년 동안 회개운동이 이 나라를 휩쓸고 지나갔다. 운동을 주도한 지도자들이나 참여했던 사람들 모두 평양 대부흥운동의 동인이었던 회개를 갈망했다. 바리새인들과 사두개인들에게 회개의 열매를 요청했던 세례 요한(마 3:7-8)의 기준으로 보자면 2007년 회개운동은 별로 맺은 것이 없다. 왜냐하면 그 후 7년이 지나고 있는 지금 한국교회와 그 구성원들의 부패성은 여전하고, 그 전과 달라진 것이 거의 없기 때문이다. 1년 동안이나 회개운동을 펼쳤는데 왜 열매가 없는 것일까? 회개가 진실이 아니었기 때문일 것이다. 그것이 아니라면 회개를 잘못 이해하고 있기 때문일 것이다.

1970-80년대에는 그래도 "회개하라!"는 선포가 있었는데, 요즘은 왜 선포조차 없는 것일까? 회개할 죄가 없어서일까? 그것은 분명히 아니다. 그렇다면 왜 회개를 촉구하는 선포가 사라지고 죄를 회개하지 않고 쌓아놓아 하나님의 진노를 자처하는 것일까? 과거에는 그나마 '회개하라!'는 선포가 있었고, 그것에 화답하여 회개하는 시늉이라도 했었다. 지금은 그것마저도 없는 것이다. 왜 이런 것일까? 그 원인이 먼저 진단되어야 불씨를 되살리고 타오르게 할 수 있을 것이다.[1] 원인을 살펴보기 전에 먼저 회개에 대한 성경 말씀의 견해를 살펴보자.

예수님과 세례 요한이 말씀하신 회개

세례 요한과 예수님은 "회개하라! 하늘나라가 가까이 왔느니라"(마 3:2, 4:17)는 말씀으로 사역을 시작하셨다. 그 말씀은 구약의 예언을 따라 출현한 세례 요한과 하나님 아버지가 당신의 언약을 성취할 자로 보내신 예수님이 선포하신 것이다. 개역개정역을 보면 세례 요한과 예수님의 선포는 글자 한 자도 틀리지 않는다.

세례 요한의 경우: 회개하라 천국이 가까이 왔느니라(καὶ λέγων· Μετανοεῖτε ἤγγικεν γὰρ ἡ βασιλεία τῶν οὐρανῶν, 카이 레곤 메타노에이테 엥기켄 갈 헤 바실레이아 톤 우라논).

---

[1] 3-5, 7장에서 그 원인을 제시하고 살펴볼 것이다.

예수님의 경우: 회개하라 천국이 가까이 왔느니라(καὶ λέγειν· Μετανοεῖτε· ἤγγικεν γὰρ ἡ βασιλεία τῶν οὐρανῶν, 카이 레게인 메타노에이테 엥기켄 갈 헤 바실레이아 톤 우라논).

그러나 헬라어 원문은 두 가지 차이점이 있다.

첫째, '말하다'(to speak)라는 뜻을 가진 '레고'(λέγω)의 시제 차이다. 세례 요한은 '레곤'이라는 '동분사 현재 능동형'을 사용했고, 예수님은 '레게인'이라는 '동부정사 현재 능동형'을 사용하셨다. 즉, 세례 요한은 '분사형' 시제를 사용했고, 예수님은 '부정사형' 시제를 사용하신 차이점이 있다. 헬라어의 분사형은 영어의 진행형이라고 할 수 있다. 동작의 상태가 끊어지지 않고 지속되는 것을 말한다. 세례 요한은 "계속해서 쉬지 말고, 잠시 끊지도 말고 회개하여 이미 임한 하늘나라를 소유하고 계속 소유하라!"라고 외친 것이다. 반면 '부정사형'은 동작의 반복, 계속을 뜻한다. 즉, 분사형보다는 의미가 약간 약화된 것으로 보이지만 실제 삶에서 "회개하라!"는 것을 강조한 것이다. 또한 "하늘나라가 이미 임했고 그것이 지속되고 있다"는 의미를 강조한 것이다. 살아가는 동안 계속 회개하라는 뜻이고, 그것이 중단되어서는 안 된다는 뜻이다.

둘째, '회개하라'는 뜻을 가진 '메타노에이테'(Μετανοεῖτε)란 단어 다음에 문장을 끊었는가, 그렇지 않은가의 차이다. 세례 요한은 "회개하라"와 "이미 하늘나라가 임했다"[2]를 연결시켰고, 예수님은 "회개하라"와 "이미 하

---

[2] "가까이 왔다"(ἤγγικεν 엥기켄)는 '동직설 완료 능동형'이다. 천국이 가까이 오고 있는 것이 아니라 이미 온 것을 의미한다. 그리고 그 양상은 지속되고 있다. 성경 번역자들이 "천국"을 장소적인 의미로 이해하고 아직 오지 않은 것이기 때문에 "가까이 왔다"로 번역한 것으로 보인다. 그러나 여기서 "천국"은 장소적인 의미가 아니다. "예수님" 그분 자체를 가리킨다. 마태복음 3장 3절은 세례 요한이 선포한 "천국"이 "예수님"인 것을 명확하게 확인해주고 있다.

늘나라가 임했다"를 끊으셨다. 큰 차이가 없는 듯 보인다. 세례 요한이 회개해야 할 이유를 강조했다면 예수님은 회개 그 자체를 강조하신 것이다. 즉, 세례 요한은 하늘나라가 임했기 때문에 회개해야 한다고 강조했고, 예수님은 회개하는 것과 하늘나라가 이미 임한 것을 각각 독립적으로 구분해서 강조하셨다.

그렇다면 세례 요한과 예수님의 선포에 "예수님을 영접하고 믿었다면 회개하지 않아도 된다"라는 뜻이 포함되어 있는가? 이 질문과 답은 아주 중요하다. 그러나 삼척동자라도 헬라어 시제를 보면 금방 이해할 수 있다.

주도적으로 종교개혁을 시도한 마르틴 루터는 95개조 반박문 첫 번째 조항에서 "우리 주 예수 그리스도께서 '회개하라'(마 4:17)고 하셨을 때 이는 믿는 자의 삶 전체가 회개하는 삶이어야 함을 말씀하신 것이다"[3]라고 이해했다. 예수를 믿기 전에는 회개란 불가능한 것이다. 예수를 믿은 후에야 진정한 회개의 삶을 살 수 있다는 뜻이다. 때문에 "믿는 자의 삶 전체가 회개하는 삶이어야 한다"고 해석한 것이다. 칼빈은 기독교강요 제3권 제3장 1절에서 "회개와 죄 용서를 복음 전체로 보았다."[4] 칼빈은 이어서 "회개는 끊임없이 믿음을 따를 뿐만 아니라 믿음에서 생긴다"[5]고 주장했다. 오늘 한국교회와 신자는 '칭의'만 복음으로 취급한다. 그러나 칼빈은 "회개와 죄 용서"를 복음 전체로 보았고, "믿음을 가진 성도에게서는 회개가 발생하고 그 회개는 지속된다"고 가르쳐주었다.

---

[3] 라틴어본, 1. Dominus et magister noster Iesus Christus dicendo 'Penitentiam agite etc.' omnem vitam fidelium penitentiam esse voluit. 영어본, 1. Our Lord and Master Jesus Christ, when He said Poenitentiam agite, willed that the whole life of believers should be repentance.
[4] With good reason, the sum of the gospel is held to consist in repentance and forgiveness of sins(눅 24:47, 행 5:31).
[5] …that repentance not only constantly follows faith, but is also born of faith.

예수님은 죄를 용서받기 위해 "회개하라"고 명령하셨다

마태복음 5장에서 7장은 산상수훈으로서 하늘나라에 속한 성도들이 살아야 할 삶의 원리들이 기록되어 있다. 열한 가지 중요한 주제를 통해 율법적으로 사는 것과 하늘나라에 속한 성도로서 사는 것이 어떻게 다른가를 설명하셨다. 그 속에 '사죄에 대한 간구'가 들어 있다.

"우리가 우리에게 죄 지은 자를 사하여 준 것같이 우리 죄를 사하여 주시옵고"(마 6:12).

하늘나라에 속한 성도에게 회개란 하나님 아버지께 "내 죄를 사해주세요"라고 요청해도 되고 안 해도 되는 문제가 아니다. "사하여 주시옵고"(ἄφες 아페스)의 시제가 동사 명령 과거 능동형이다. 명령법 과거는 명령하는 사람의 권위의 정당성을 포함하고 있기 때문에 명령을 받은 사람의 강한 의지적 반응이 요구된다. "죄를 용서해달라고 기도하라!"는 예수님의 명령은 100퍼센트 정당한 권위를 가진 말씀이다. 그렇다면 이에 대한 성도의 정상적인 반응은 무엇일까?

"우리 죄를 사해주세요"라고 회개기도를 명하시는 분은 예수님이시다. 예수님은 그렇게 하실 정당한 권리를 가지고 계시다. 왜냐하면 예수님은 아버지가 죄 용서를 위해 이 땅에 보내신 분이기 때문이다. 이렇게 정당한 권위를 가지신 예수님이 우리에게 의지로 반응하라고 명령하시는 것이다. 때문에 회개는 해도 되고 안 해도 되는 선택의 문제가 아닌 것이다. 반드시 죄를 사해달라고 회개하며 간구해야 한다.

죄를 용서해달라고 간구할 수 있는 조건이 있다. 나에게 죄지은 자를 먼저 용서해야 한다. 조건은 "죄지은 자를 사하여 준 것"이다. "사하여 주다"(ὀφειλέταις, 오페이레타이스)는 동사 직설법 과거 능동형이다. 직설법 과거는 명령이 아닌 권고다. 즉, 해도 되고 안 해도 되는 선택의 권한이 나에게 있다. 예수님의 말씀을 듣고 내게 죄지은 자를 용서해주던지, 해주지 않던지 그것은 나의 권한이다. 그러나 내게 죄지은 자를 용서해주지 않으면 하나님 아버지께 나의 죄를 용서해달라고 간구할 권한도 없어진다. 무서운 표현이다. 하나님 아버지께 죄를 용서해달라고 간구하는 기도를 드리기 위해서는 먼저 내게 죄지은 자를 용서해야만 가능하다. 결코 순서를 잊어서는 안 된다. 내게 죄지은 자를 용서한 후에야 하나님께 나의 죄를 용서해달라고 기도할 권한이 주어진다.

"저의 죄를 용서해주세요, 하나님!" 이것은 단순히 말로 강청하라는 뜻만이 아니다. 그보다 먼저 "나에게 죄지은 사람의 죄를 용서해주라!"는 말씀은 사건의 본말을 해결하라는 뜻이다. 여기에 동반되어야 할 필수 사항은 회개다. 용서하는 일이 쉽게 이루어질까? "용서해주라!"는 예수님의 명령을 붙들고 씨름을 해야 시작될 것이다. 그 과정 속에서 필연적으로 회개는 따르기 마련이다. 예수님이 "네게 죄 지은 자를 용서해주라! 그리고 하나님 아버지께 용서를 구하라!"는 말씀 속에 숨겨진 "회개하라!"는 메시지는 지금도 동일하게 강조되는 말씀이다.

우리는 앞에서 루터와 칼빈의 가르침을 간략하게 살펴보았다. 세례 요한과 예수님의 첫 메시지는 회개였다. 그 가르침은 예수 믿지 않는 사람들에게 회개하고 예수를 믿어 영접하라는 메시지로 볼 수 있다.

세례 요한은 "이미 하늘나라가 임했으므로 회개하라!"고 전파했다. 개역개정역은 헬라어 원문에 있는 "레곤"(말했다)을 번역하지 않았는데, 그 단어는 분사형으로 '말하고 있다'라는 의미를 가지고 있다. 그러므로 세례 요한은 지금도 계속해서 "회개하라!"고 말하고 있다는 뜻으로 이해해야 한다. 그런데 그 선포의 대상은 이미 회개하고 복음을 믿고 있는 사람들이 아니라 아직 복음을 듣지 못한 사람들로서, "회개하고 이미 임한 하늘나라를 믿으라"고 계속 말하고 있는 것으로 볼 수 있다.

그러나 예수님의 메시지는 상황이 전혀 다르다. 예수님은 세례 요한과 달리 "회개하라!"에서 문장을 끊으시고, 이어 "이미 하늘나라가 임했다"고 말씀하셨다. 예수님이 선포하신 말씀은 '분사형'이 아니라 '부정사형'으로서 강조형이다. 예수님은 "회개하라"와 "하늘나라가 임했다"를 동시에 강조하셨다. 때문에 예수님은 하늘나라를 소유한 후에도 계속 회개할 것을 강조하신 것으로 보아야 한다. 사도들은 세례 요한과 예수님의 메시지를 해석해서 여러 차례 기록하였다. 바울 사도는 예수님을 믿는 고린도교회 성도들에게, 사도 요한은 예수님을 믿는 성도들에게 회개하라고 권면했다. 그들의 권면을 살펴보기 전에 "회개하라!"는 선포가 유대인과 어떤 관련이 있는지부터 생각해보기로 하자.

"회개하라"는 말씀과 유대인과의 관련

회개하라는 가르침은 랍비들의 전형적인 가르침이었다. 랍비들은 죄를 용서받기 위해 회개가 얼마나 중요한지 인식하고 있었다. 랍비 시므온은 "아무리 악한 사람이라고 할지라도 마지막 죽기 전에만 회개하면 하나님이 그를 받아주실 것이다"[6]라고 가르쳤다.

---

[6] Tosefta, Qiddushin(약혼에 대한 규정), 1:14. 유대 문헌에는 Tosefta(토셉타), 바빌론 탈무드(B.), 예루살렘 탈무드(TJ.) 등이 있다.

'회개'를 가리키는 히브리어는 '돌아오다'는 의미를 가지고 있는 슈브(שוב)이다. 구약성경에서 회개는 하나님 앞으로 돌아오는 것 또는 하나님과 맺은 계약으로 돌아오는 것을 말한다. 신약성경으로 설명하면 누가복음 15장의 탕자가 아버지께로 돌아오는 것을 의미한다. 구약의 예언자들이 선포한 핵심 메시지는 '하나님께로 돌아오라'는 것이었다.

세례 요한은 단순히 회개만 선포한 것이 아니다. '회개'와 '세례'를 연결시켰다. 즉, '회개의 세례'를 선포했다.

"자기들의 죄를 자복하고 요단 강에서 그에게 세례를 받더니"(마 3:6).

"나는 너희로 회개하게 하기 위하여 물로 세례를 베풀거니와 내 뒤에 오시는 이는 나보다 능력이 많으시니 나는 그의 신을 들기도 감당하지 못하겠노라 그는 성령과 불로 너희에게 세례를 베푸실 것이요"(마 3:11).

'회개의 세례'라는 용어는 구약성경뿐만 아니라 랍비들의 문헌에도 전혀 언급이 없는 특별한 용어이다. 더구나 '세례'라는 용어는 유대인들과 아무 상관이 없다. 유대인들은 세례를 받은 것이 아니라 할례를 행했다. 세례는 이방인이 유대교로 개종할 때 행하는 세 가지 의식 가운데 한 가지였다. 이방인이 유대교로 개종하려면 할례, 세례 그리고 희생 제물을 바쳐야 했다. 좀 더 자세히 살펴보자. 유대인들은 태어난 지 8일 만에 할례를 받고, 하나님께 희생제물을 바쳤다. 이방인이 유대교인이 되기 위해서는 한 가지 의식을 더 했는데 그것이 바로 세례이다. 세례는 부정한 것을 씻는 의식이다.[7]

---

[7] 바빌론 탈무드, Pesahim(유월절에 관한 규정), 41상.

세례 요한이 회개를 선포하며 세례를 베풀자 유대인들이 자신들의 죄를 자복하고 세례를 받았다.

> "이 때에 예루살렘과 온 유대와 요단 강 사방에서 다 그에게 나아와 자기들의 죄를 자복하고 요단 강에서 그에게 세례를 받더니"(마 3:5-6).

우리는 이것을 어떻게 이해해야 하는가? 세례 요한의 메시지를 듣고 회개하고 세례를 받은 유대인들은 스스로를 이방인이라고 생각했는가? 아니면 다른 의미가 있는가? 유대인들이 자신들을 이방인이라고 생각할 이유가 전혀 없다. 그들은 요한의 메시지를 어떻게 받아들였기에 세례를 받았는가? 어쩌면 그들은 이방인에 초점을 맞춘 것이 아니라 자신들에게 내재된 죄에 초점을 맞춘 것은 아닐까? 아마도 요한의 메시지에 실린 강력한 힘이 그들의 죄를 보게 하였고, 그들에게 회개의 역사를 일으켰을 것이다.

바울이 서신에서 언급한 회개의 유익함

복음서에서 회개를 강조하는 것은 당연하다고 생각할 수 있다. 수천 년 동안 기다렸던 하늘나라가 이미 임했으니 그것을 맞이하기 위해 회개하라고 선포하는 것은 당연해 보인다. 그렇다면 예수를 그리스도로 신앙고백을 한 이후에도 하늘나라를 맞이하기 위해 회개해야 하는가? 하지 않아도 되는가? 오늘날 교회와 신자들은 예수를 믿기만 하면 회개하지 않아도 된다고 생각한다. 과연 성경이 그것을 지지하는가? 바울 사도의 메시지를

들어보자.[8]

"그러므로 내가 편지로 너희를 근심하게 한 것을 후회하였으나 지금은 후회하지 아니함은 그 편지가 너희로 잠시만 근심하게 한 줄을 앎이라 내가 지금 기뻐함은 너희로 근심하게 한 까닭이 아니요 도리어 너희가 근심함으로 회개함에 이른 까닭이라 너희가 하나님의 뜻대로 근심하게 된 것은 우리에게서 아무 해도 받지 않게 하려 함이라 하나님의 뜻대로 하는 근심은 후회할 것이 없는 구원에 이르게 하는 회개를 이루는 것이요 세상 근심은 사망을 이루는 것이니라 보라 하나님의 뜻대로 하게 된 이 근심이 너희로 얼마나 간절하게 하며 얼마나 변증하게 하며 얼마나 분하게 하며 얼마나 두렵게 하며 얼마나 사모하게 하며 얼마나 열심 있게 하며 얼마나 벌하게 하였는가 너희가 그 일에 대하여 일체 너희 자신의 깨끗함을 나타내었느니라"(고후 7:8-11).

바울은 글로에 가문으로부터 고린도 교회의 문제점을 전해 들었고(고전 1:11), 그에 대한 자신의 견해를 구체적으로 반영한 편지를 써 보냈다. 편지를 쓸 때는 고린도 교회의 문제를 바로잡아야겠다는 마음으로 썼지만,[9] 이내 그는 고린도 교회 성도들이 그 편지로 인해 근심할 것을 생각하며 후회하였다. 바울은 그 후회를 돌이켜 도리어 기뻐하는 마음을 담아 다시 고린도 교회에 편지를 써 보낸 것이 본문의 배경이다. 이 본문에는 근심과 회개에 대한 놀라운 말씀이 담겨 있다.

---

[8] 바울과 요한의 서신에서 한 부분만 생각해볼 것이다. 왜냐하면 복음서에서 말하는 회개, 바울 서신에서 말하는 회개, 요한 서신에서 말하는 회개를 큰 장으로 다룰 것이기 때문이다.
[9] 바울은 분쟁, 음행, 송사, 결혼과 이혼, 우상숭배와 우상의 제물, 성만찬, 은사활용, 부활과 관련된 문제들에 대해 초신자인 고린도 교회 성도들을 전혀 생각하지 않고 하나님 마음을 대변하는 글을 썼다.

두 종류의 근심과 회개에 대한 이해

어떤 사람이든지 자신의 문제를 지적받으면 우선 마음이 상하고 걱정하고 근심하게 것이다. 바울은 편지를 받는 자의 입장이 아닌 써 보낸 자의 입장인데도 근심했다. 받는 입장이라면 이보다 더 근심이 컸을 것이다. 그러나 그것은 잠깐일 뿐이다.

바울은 근심에 대해 말한다. 세상 사람들이 말하는 근심이 아니라 그리스도인들에게 보낸 편지에서 말하는 근심이니 그 내용은 믿는 성도를 향한 것이다. 그는 먼저 근심에 두 종류가 있음을 밝힌다. "세상 근심"(10절)과 "하나님의 뜻대로 하는 근심"(10절)이다. 세상 근심은 사망을 낳고, 하나님의 뜻대로 하는 근심은 구원에 이르는 회개를 낳는다. 바울이 사용한 "회개"(μετάνοιαν, 메타노이안)라는 단어는 '마음의 변화'를 의미한다. 예수님은 이렇게 말씀하셨다.

> "입에서 나오는 것들은 마음에서 나오나니 이것이야말로 사람을 더럽게 하느니라 마음에서 나오는 것은 악한 생각과 살인과 간음과 음란과 도둑질과 거짓 증언과 비방이니 이런 것들이 사람을 더럽게 하는 것이요 씻지 않은 손으로 먹는 것은 사람을 더럽게 하지 못하느니라"(마 15:18-20).

예수님은 씻지 않은 손으로 먹는 것이 사람을 더럽히지 못한다고 하셨다. 사람을 더럽히는 것은 입에서 나오는 것, 곧 마음에서 나오는 것이다. 마음에 변화가 일어나면 삶의 변화는 자연히 따라온다. 바울이 말하는 '회개'가 마음의 변화를 가리킨다는 것은 곧 삶의 변화를 의미한다.

바울은 회개가 일어나기 전에 근심이 있다고 밝혔다. 이것은 무슨 의미일까? 고린도 교회 성도들이 가진 여러 가지 문제에 대한 바울의 권면이 그들에게 책망과 돌아볼 기회를 주었다는 뜻이다. 그들은 바울이 편지로써 보낸 하나님의 말씀에 따라 자신들을 돌아보았고, 잘못된 점을 깨닫고 회개했다.

고린도 교회 성도들이 죄악 된 삶을 살았던 것처럼 오늘날 성도들도 여러 모양으로 죄악 된 삶을 살고 있다. 어떻게 해야 할까? 당연히 회개해야 한다.

요한 사도가 서신에서 언급한 회개의 중요성

바울은 예수 그리스도를 믿는 성도들을 대적하며 그들을 체포하여 감옥에 넣었다. 바울은 큰 죄인이었다. 그러나 그는 하나님의 주권적인 은혜로 다메섹 도상에서 예수 그리스도를 만났고, 큰 체험을 한 후 변화되었다. 바울의 과거 행적과 변화는 회개를 강조하기에 충분한 근거가 된다. 그렇다면 예수님의 사역 초기부터 부름을 받아 함께 다녔던 요한 사도는 회개에 대해 어떤 견해를 보이는가?

> "만일 우리가 죄가 없다고 말하면 스스로 속이고 또 진리가 우리 속에 있지 아니할 것이요 만일 우리가 우리 죄를 자백하면 그는 미쁘시고 의로우사 우리 죄를 사하시며 우리를 모든 불의에서 깨끗하게 하실 것이요 만일 우리가 범죄하지 아니하였다 하면 하나님을 거짓말하는 이로 만드는 것이니 또한 그의 말씀이 우리 속에 있지 아니하니라"(요일 1:8-10).

이 말씀은 요한 사도가 믿는 자들에게 주는 것으로, 나누어 분석해보면 더욱 분명해진다.

"죄 없다고 말하는 자는 스스로 속이는 자이다"(8상).

"죄 없다고 말하는 자는 진리가 그 속에 있지 않은 자이다"(8하).

"신자가 죄를 짓지 않았다고 말한다면 하나님을 거짓말하는 분으로 만드는 것이다"(10상).

"신자가 죄를 짓지 않았다고 말한다면 하나님의 말씀이 그 속에 있지 않은 자이다"(10하).

요한 사도의 표현은 아주 직설적이다. "예수를 그리스도로 믿는 신자도 죄인이고, 신자라도 계속 죄를 짓고 있다"(8, 10절)고 지적한다. 그렇다면 그 죄를 어떻게 해야 하는가? 당연히 회개해야 한다. 요한 사도는 "만일 우리가 우리 죄를 자백하면"이라고 말한다. 이 문장은 가정법 구문으로 실제 일어난 사건이 아니라 예를 들어 설명하는 구문이다. 만약 성도가 죄를 회개한다면 하나님은 신실한 분이시기 때문에 그의 회개를 들으시고 죄를 용서해주시며, 또 모든 잘못된 행위에서 성도를 돌이켜주신다.

"불의에서 깨끗하게 해주신다"는 문장은 가정법 구문이면서 주어가 3인칭 단수이다. 용서해주시는 분이 하나님이심을 명백하게 밝히고 있는 것이다. 즉, 내가 나의 죄를 고백하면 하나님이 그 고백을 들으시고 나의 죄를 용서하시며, 동시에 죄악 된 행위에서 돌이키도록 해주신다. 그러나 내가 죄를 고백하지 않으면 하나님은 나의 죄를 용서해주지 않으시고, 죄악 된 행위에서 돌이키는 은혜도 주시지 않는다.

우리는 지금까지 '예수 믿으면 죄 사함 받는다'는 신학적 토대 위에서 죄를 지어도 대충 넘어갔다. 양심의 가책을 느끼지 않고 회개하지 않았다. 그 결과 예수를 그리스도로 믿은 후에도 오히려 죄를 쌓아왔다고 보아야 한다. 다시 한 번 기억해야 한다. 내가 지은 죄를 조목조목 구체적으로 고백할 때 하나님은 그것을 들으시고 조목조목 구체적으로 사해주신다. 이와 반대도 마찬가지다. 내가 죄를 조목조목 구체적으로 회개하지 않으면 하나님도 조목조목 용서하지 않으신다. 그러므로 요한 사도의 계시에 의하면 회개는 죄를 용서받는 유일하게 중요한 원리요 요소이다. 요한 사도의 말씀에서 보듯 예수를 그리스도로 믿는 신자라 할지라도 여전히 죄를 짓는 죄인이다. 복음서 그리고 바울과 요한의 서신에서 일관되게 말씀하고 있는 것은 성도는 여전히 죄를 짓는 죄인이고 회개해야 한다는 것이다. 그런데 오늘날 강단에서는 회개의 선포가 사라졌고, 오늘날 예수를 그리스도로 믿는 신자들은 죄를 짓고 있으면서도 회개하지 않는다.

성경은 지속적인 회개를 강조하고 있다. 바울의 서신서도 회개를 강조하고 있다. 요한의 서신에서도 회개는 대단히 중요한 위치를 차지하고 있다. 그런데 지금 한국교회의 강단에서는 왜 회개가 선포되지 않는 것일까? 한국 기독교인들은 왜 "회개하라!"는 권면을 그토록 싫어할까? 회개를 권면하면 돌아오는 대답은 두 부류로 나뉜다. 한 부류는 "예수 믿으면 모든 죄를 사함 받았는데 왜 회개해야 하나요?"이고, 다른 한 부류는 "요즘에 어떤 목사님들도 회개하라고 안 하는데 왜 목사님만 그러세요?"라는 부류다. 참 이상하다. 내가 신앙생활을 시작한 1970-80년대는 회개를 대단히 강조했었고, 아무도 그 권면에 대해 반감을 갖지 않았다. 회개하지 못하는 것을 부끄러워했다. 그때는 목회자들이 왜 회개를 강조했을까? 그런데 요즘 목회자들은 왜 회개를 강조하지 않는 것일까? 그 당시 성도들은 회개하라는 목회자의 권면을 믿음으로 받아들였는데, 요즘 신자들은 왜 거부 반응을 보일까?

개인적이기는 하지만 내가 걸어온 신앙여정에 비추어 한국교회가 언제,

어떻게 회개를 했고, 언제부터 회개가 중단되었는지 살펴보려 한다. 예전 목회자들은 왜 회개를 강조했는지, 요즘 목회자들은 왜 회개를 강조하지 않는지 그 단서를 찾을 수 있을 것이다. 옛날 성도들은 회개하라는 메시지를 듣고 왜 순종으로 반응했는지 알 수 있을 것이다

2장 회개를 외면한 신앙생활

성경은 지속적으로 회개를 강조하고 있다. 그러나 한국교회의 목회자들은 더 이상 회개를 목회철학으로 삼지 않는다. 물론 몇몇 원로들이 안타까운 마음으로 회개의 회복에 대해 말한다. 또한 회개의 중요성을 강조하는 선한 소식들이 여기저기에서 들려오는데, 하나님이 기뻐하시리라 생각한다. 이러한 현실에 대처하여 한국교회에서 회개가 빈약해지고 사라져가고 있는 원인을 찾고, 어떻게 회복해야 할 것인지 대안을 제시해야 한다. 그것은 실천신학자들의 몫이다.

실천신학자에 속한 내가 이렇게 펜을 든 것은 나 자신이 계속 회개하고 있을 뿐 아니라, 성경에서 회개가 차지하는 위치가 얼마나 중요한지를 깨달았기 때문이다.[1] 나의 신앙여정을 돌아보며 회개가 뒷받침되었던 때와

---

[1] 2부에서 개혁주의 신학이 회개를 얼마나 중요하게 여겼는가를 살펴볼 것이다. 1부에서는 문제제기와 그 원인을 찾는 데 집중할 것이다.

그렇지 못했던 때를 진단해보려 한다. 더 나아가 나의 신앙여정에서 회개가 사라진 이유를 찾아보려 한다.

나의 신앙여정에서 돌아본 회개

나는 1977년 2월 난생처음 '부흥사경회'에 참석했다. 교회에 출석한 지 3년째 되던 해였다. 나는 강단에서 비인격적인 메시지가 전해지는 것을 아주 싫어한다. 처음 참석한 부흥사경회였는데 강단에서 선포된 첫 마디가 욕이었다. "예수 믿는 나는 놈들이…예수 믿는다는 년들이….". 그런데 참 이상한 것은 그 욕들이 마음에 거슬리지 않고 용납되는 것이었다. 하나님이 내게 은혜를 주시기로 작정하셨기 때문이었다고 믿는다. 그 첫 문장에 이어진 내용이 "회개하라!"였다. 예수 믿는 자들이 성경도 읽지 않고 기도도 하지 않았으니 "회개하라!"는 것이었다.

나는 3년 동안 교회에 출석했음에도 한 번도 제대로 성경을 읽은 적이 없었다. 그런데 욕이 섞인 첫 문장에 이어진 "회개하라!"는 메시지가 내 가슴을 파고들었다. 나는 그 당시 잠을 잘 수 없는 병으로 고생하고 있었다. 강사 목사님은 첫 문장에 이어 두 번째 문장도 욕으로 시작했다. "이 가운데 병을 앓고 있는 놈, 병을 앓고 있는 년들은 요한복음을 더 읽어요!" 상스러운 욕이 마음에 거슬리지 않더니 나의 의지가 그 메시지에 반응했다. 나는 성경을 읽지 않은 죄를 회개하고 그 주간에 신약성경을 일곱 번 읽었다. 원인조차 모르는 불면이라는 질병을 앓고 있던 나는 요한복음은 두 번 더 읽었다.

강사 목사님의 "회개하라!"는 메시지에 반응하여 입술로 죄를 고백하고 동시에 성경을 읽었다. 월요일부터 금요일 새벽까지 집회시간을 제외한 모든 시간에 성경을 읽고 또 읽었다. 금요일 새벽기도회를 마친 후부터 주일 밤 12시까지 계속 성경을 읽었다. 그 후 잠자리에 들었는데 일어나보니 수요일 아침이었다. 몇 년 동안 원인조차 모른 채 고생해온 질병이 사라진 것이었다.

이 사건 이후 해마다 부흥사경회가 열린다는 소식이 들리면 만사를 제치고 쫓아다녔다. 마음 한 켠에는 '병이 재발하면 어쩌지…'란 마음도 있었지만 나도 모르는 힘이 나를 이끌었다. 지금 돌이켜보면 그 당시에는 성도들이 집회가 끝났어도 집에 갈 생각을 하지 않았다. 나만 그런 것이 아니었다. 부흥사경회에 참석한 대부분의 성도가 잠을 잊은 채 철야를 했다. 추운 겨울에도 난로를 피워놓고 밤새 박수를 치며 예수 보혈, 회개의 찬송가를 불렀고, 마룻바닥을 치며 통곡하고 회개했다.[2]

나는 이 놀라운 경험 후 1977년 12월 5일 논산수용연대에 입소했다. 저녁 8시쯤 도착해 5분 동안 샤워를 한 후 집합하여 가슴 사진을 찍었다. 옛새가 지나도록 아무런 소식이 없었다. 함께 입소한 동기들은 모두 훈련소로 떠났고, 그다음 입소한 사람들도 모두 떠났지만, 나는 내무반에 그대로 남아 있어야 했다. 왜 그런 것인지 알고 싶었지만, 어디를 가야 하는지도 몰랐고 그것을 알려줄 사람도 없었다. 갈 곳이라고는 수용연대 교회뿐이었다. 나는 통곡하며 생각나는 모든 죄를 회개했다. 회개기도를 시작하고 삼일 째 되던 날, 곧 수용연대 입소 후 일주일이 되던 날 다시 신체검사가 시작되었다. 그날 검사는 가슴 사진에 집중되었다. 가슴 사진을 찍은 후 이틀이 지나도록 또 감감무소식이었다. 나는 수용연대 교회를 찾아가 간

---

2 지금 생각해보면 부흥사경회 때마다 지난번 회개했던 일들을 다시 회개하고, 한 해 동안 지었던 죄들을 생각나는 대로 회개했다.

절히 기도했다.

"하나님 아버지! 저를 이곳에서 돌려보내주세요. 만약 그렇게 해주시면 저는 신학교에 입학해 군 복무 기간만큼 시간을 바쳐 하나님이 어떤 분이신지를 아는 데 온전히 집중하겠습니다."

다음 날 다시 신체검사가 시작되었다. 물론 검사의 초점은 가슴이었다. 난생처음 거꾸로 매달린 채 가슴 사진을 찍었다. 입소 후 2주째에 결국 '귀향' 판결을 받고 집으로 돌아왔다.

나는 하나님께 드린 약속을 지키기 위해 1978년 3월 대구신학교 신학과에 입학했다. 가끔 금요일 수업을 마치면 몇몇 친구들[3]과 산으로 기도하러 갔다. 늦가을 산속은 정말 추웠다. 추위를 이기기 위해 여러 가지를 준비했지만 막을 수 있는 추위가 아니었다. 고함을 치며 기도하는 길밖에는 없었다. 나는 그런 밤마다 지난날의 삶을 돌아보며 회개기도를 드렸다.

1980년 6월 10일 대구신학교 3학년 1학기말 시험 직전에 대구 국군통합병원에서 '징집면제' 판결을 받았다. 나는 그 길로 신학교를 자퇴했다.[4] 고등학교 졸업 후 5년이 넘도록 손을 놓았던 입시공부를 다시 시작해 대학교에 입학했다. 입학 후 1년 6개월 동안 학교 공부에 매진했다. 대학교를 다니며 대구동신교회의 청년부에서 활동했다. 그러다 어느 계기로 청년부에서 대학부로 옮겼다. 당시 교회 대학부는 UBF[5] 출신 목자가 지도하고 있었다.[6] 나는 일대일 제자훈련을 받았다. 한 과를 마치면 그 말씀에 나의 삶을 비추어 회개와 결단의 글을 써서 제출했고, 통과되면 다음 과로

---

[3] 신용기, 나경수 등 몇몇 학우의 이름이 생각난다.
[4] 하나님께 드린 약속을 신실하게 지켰기 때문이기도 했고, 매주 금요일 기도 팀들과 대구 근교의 주암산 기도원, 앞산 기도원 등에서 기도하며 '중국 선교'에 대한 비전을 품게 되어 그것을 준비하기 위해서이기도 했다.
[5] UBF는 University Bible Fellowship의 약자이다.
[6] 그분의 존함은 '최우돈'이다. 당시 대학부에서는 그분을 '최우돈 선교사'라고 불렀다.

진도가 나갔다. 나는 약 2년 6개월 동안 이렇게 입술의 회개가 아닌 말씀에 비추어 글로 쓰며 고백하는 회개를 했다.

1985년 3월 총신대학교 신학대학원에 입학했다. 나는 그때부터 신학공부에 입문해 어려운 학교 수업을 따라가느라 어느 순간 회개의 삶이 중단되었다. 그 후 2013년 5월까지 제대로 된 회개의 시간을 갖지 못했다.[7] 30여 년 동안 회개가 동반되지 않은 신앙생활을 해온 것이다. 왜 그렇게 되었을까?

나의 신앙여정 전반기를 살펴보면 금요기도회, 부흥성회, 주일 강단을 통해 한국교회에 "회개하라!"는 메시지가 선포되었고, 나를 비롯한 대부분의 성도는 회개하려고 애를 썼다. 적어도 80년대 말까지는 "회개하라!"는 선포가 강단에서 자주 선포되었다. 회개의 선포는 '재림신앙'과 '헌신'에 그 배경을 두고 있다. 주로 종말론적인 재림 신앙을 강조한 부흥사경회 그리고 가끔씩 주일 강단을 통해 "주님을 맞이하려면, 하늘에서 상급을 받으려면 회개해야 한다"는 메시지가 선포되었다. 또한 부흥사경회나 금요기도회를 통해 "은혜를 받으려면 회개가 선행되어야 한다"는 가르침이 있었다. 그러다 "회개하라!"는 선포가 갑자기 중단된 중요한 사건이 있었다.

다미선교회가 1992년 10월 28일 24시 '예수님의 재림과 휴거'가 있을 것이라고 몇 년 동안 홍보했다. 이장림 목사를 추종하는 세력은 곳곳에서 종말론적 계시 부흥회를 열었다. 텔레비전으로 중계까지 되었지만 휴거는 일어나지 않았다. 이 사건으로 인해 한국사회는 기독교를 냉소적으로 보게 되었을 뿐만 아니라, 건전한 신앙 가운데 재림을 강조하며 깨어 경성하

---

[7] 1991년 12월 말부터 1996년 8월까지 삼각산에서 기도에 집중했지만 그때는 방언기도를 했다. 나는 기도는 했지만 무엇을 기도했는지도 몰랐던 것이다.

기를 외쳤던 목회자들조차 외부 환경적인 영향으로 재림 신앙을 포기하고 말았고, "회개하자!"는 메시지나 가르침도 자취를 감추게 되었다.

목회철학의 전환으로 잃어버린 회개

복음이 한국 땅에 전해지고 얼마 안 되어 일제의 강제 점령기가 시작되었다. 기독교의 한국 전래와 수용 과정에서 한국이 일본의 식민 지배 아래 있었다는 사실은 한국 기독교의 성격을 규명하는 데 있어 중요한 전제가 된다. 한국이 일본의 식민 통치를 받기 시작한 것은 1910년부터지만 한국에 대한 일본의 영향력은 이미 1870년대부터 나타난다. 즉, 대원군의 실각(1873)과 개항(1876) 이후 한국은 일본의 영향 아래 있었다. 일본의 현존은 한국인의 신앙 의식, 민족주의, 교회 형성, 신학 운동 등에 큰 영향을 미쳤다.

기독교는 일본의 통치 기간 중 가장 강력한 종교였고, 일본의 지배가 시작된 1910년 이래 한국 사회와 국가, 민족 운동과 독립 운동에 상당한 영향력을 행사하고 있었다. 그래서 조선총독부는 처음부터 한국 기독교와 우호적인 관계를 맺어 조선 통치에 이용하든지, 아니면 한국 기독교를 탄압하여 그 영향력을 약화시키든지 양자택일을 할 수밖에 없는 숙명적인 관계 아래 있었다. 3대 통감을 거친 후 조선총독부 초대총독이 된 데라우치 마사타케(寺內正毅)는 열성적인 불교도로서 기독교를 혐오하고 적대시하면서 냉혹한 무단 정치를 강행하였다.[8] 일본의 한국 기독교 탄압은 종말론

---

[8] 총독부 자료에 의하면 일본이 한국을 합병할 당시 조선 기독교회는 20만 명의 신도와 300개 이상의 학교, 3만 명이 넘는 학생 그리고 1900여 개의 집회소가 전국에 산재해 있다고 파악하고 있다.

적 신앙관 형성에 밑바탕이 되었다. 종말론적 신앙관은 예수님의 재림을 사모하게 만들었고, 재림의 주님을 맞이하기 위해 자신을 돌아보며 죄를 자복하는 회개의 삶을 살게 했다.

다미선교회 휴거 사건 이전의 목회철학은 재림 신앙을 강조하고, 하나님께 헌신하여 상급 받는 성도 양육과 교회 부흥에 있었다고 생각된다. 그 목회 철학을 성취하기 위해 사용한 전략이 예배와 기도생활, 전도, 헌신하는 신앙생활이었다. 이 전략을 뒷받침하는 실천 요소로 예수님의 재림을 맞이하기 위해 성화에 힘쓰는 신앙생활, 또한 그것에 미치지 못하는 성도의 신앙 회복을 위해 회개를 강조했다. 이 사건 이후 기독교에 대한 사회적 냉소뿐만 아니라 건전한 종말론을 이야기하는 목회자조차도 의심의 눈초리로 바라보는 시각이 증폭되어 목회자들이 이에 대한 언급을 조심하는 경향이 나타났다. 이는 자연스럽게 목회철학의 전환으로 이어졌다. 회개가 사라진 자리에 제자훈련 등 다양한 성경공부 프로그램들이 채워졌고, 한국 기독교 전반이 지적인 신앙으로 흐르게 되었다.

신앙관의 변화로 잃어버린 회개

다미선교회 사건 이후 목회자의 목회철학이 변화됨에 따라 성도들의 신앙관도 급진적인 변화를 겪게 되었다. 어떤 교회는 선교적 사명을 중시했고, 어떤 교회는 제자훈련을 중시했으며, 어떤 교회는 사회복지를 실천하는 데 주력했고, 어떤 교회는 다양한 성경공부 프로그램으로 교회 성장을 이끌었다. 다미선교회 사건 이후 거의 대부분의 교회가 앞서가는 기존 교회들을 모방하게 되었다. 이때부터 신앙은 생활 중심 신앙에서 지식 습득 신앙으로 변화되었다.

1988년 서울올림픽 이후 한국은 경제적 성장을 이루었다. 교회도 이에 발 맞춰 경제적으로 부유한 사람이 복 받은 신자로 정의되기 시작했고, 예수를 그리스도로 믿는 자들이 현세에서 받을 복이 중시되는 신앙관으로 변했다. 교회에 속한 신자들은 하나님이 주실 복을 기대했다. 물질적인 부의 복과 더불어 건강, 진학, 승진, 출세 등이 신앙의 복으로 자리매김하게 되었고, 신자들 또한 자연스럽게 복을 추구하는 신앙인이 되었다.

회개에서 더 멀어지게 만든 개혁주의 신학

나는 1985년 3월 총신대학교 신학대학원에 입학했다. 학교생활 3년 동안 개인적으로 관심을 가졌던 신학 분야는 성경신학, 계약신학과 그리스도, 약속과 성취였다. 실제 신앙생활 분야의 관심은 제자훈련에 있었다. 그러나 학교는 내게 '칼빈주의'를 가르쳐주었다. 조직신학을 가르쳤던 교수들, 역사를 가르쳤던 교수들이 특히 그랬고, 학우들도 그랬다. '칼빈주의'란 단어와 함께 '예정론'이 가장 강조되었다. 귀가 따갑도록 예정론을 듣고 배웠다. 내가 수도 없이 고백했던 말은 아래와 같다.

"하나님은 ○○○을 구원하기로 예정하셨다."
"하나님은 때가 되어 ○○○을 부르시고 의롭다고 칭해주셨다."
"구원은 전적인 하나님의 선택적 주권에 달렸기 때문에 내가 확신하지 못할 수도 있다."
"니고데모가 거듭난 것을 보라. 바람이 어디서 부는지 알 수 없듯이 거듭남도 그렇다."

"○○○야, 너는 하나님이 예정하셨고, 때가 되어 부르셔서 하나님의 자녀로 구원해주셨다."

나는 하나님이 구원할 자를 선택하셔서 예정하신다는 것을 전적으로 믿는다. 예정한 자를 때가 되어 부르시고, 부르신 자를 의롭게 하시는 것을 분명히 믿는다. 그런데 내가 배운 신학은 내게 "하나님은 살아계시고, 하나님은 나를 선택하셨고 부르셨기에 나는 하나님의 자녀이다"란 확신을 주지 못했다. 나는 목사가 된 후에도 내가 구원을 받은 것인지 혼란스러웠다.[9] 왜 그랬을까? 내가 배운 신학은 단순히 지식적인 가르침이었을 뿐이지 성령의 내적 증거가 따르지 않았기 때문이다. 성령의 내적 증거가 따르기 시작했을 때부터 내가 구원받은 하나님의 자녀라는 확신이 흔들리지 않았다. 오히려 삶의 변화를 고민했고, 그리스도의 장성한 분량에 이르는 성숙을 갈망했다. 그것은 나의 갈망 이전에 성경의 요구이다.

"그가 어떤 사람은 사도로, 어떤 사람은 선지자로, 어떤 사람은 복음 전하는 자로, 어떤 사람은 목사와 교사로 삼으셨으니 이는 성도를 온전하게 하여 봉사의 일을 하게 하며 그리스도의 몸을 세우려 하심이라 우리가 다 하나님의 아들을 믿는 것과 아는 일에 하나가 되어 온전한 사람을 이루어 그리스도의 장성한 분량이 충만한 데까지 이르리니 이는 우리가 이제부터 어린 아이가 되지 아니하여 사람의 속임수와 간사한 유혹에 빠져 온갖 교훈의 풍조에 밀려 요동하지 않게 하려 함이라"(엡 4:11-14).

---

9 3장 들어가는 말에 나오는 "나는 목사가 된 후에도 구원을 의심했었다"를 간략하게 기록했다.

하나님은 교회 공동체를 위해서 다섯 종류의 직분자를 세워주셨다. 직분자의 사명은 성도를 온전케 하는 것이다. 직분자는 성숙한 성도로 하여금 봉사의 일을 하게 하고 그리스도의 몸을 세워야 한다. 성도가 온전케 된다는 것은 이미 성숙의 의미를 담고 있다. 그런데 바울은 다시 강조한다. 직분자는 성도가 하나님의 아들을 믿는 것과 아는 일에 하나가 되게 해야 한다는 것이다. 하나님의 아들을 믿는 것과 아는 일이 하나가 될 때 온전한 사람이 된다. 즉, 그는 성숙한 사람이고 그리스도의 장성한 분량에 이른 성도이다. 이렇게 성숙한 사람이 되는 것은 변화와 성숙에 대한 갈망 없이는 불가능하다. 이렇게 장성한 성도는 어린아이가 아니다. 장성한 성도는 사람의 속임수와 간사한 유혹에 빠지지 않는다. 세상 흐름에 밀려 휘청거리지도 않는다. 하나님은 성도가 교회 공동체 안에서 이런 성숙한 사람이기를 고대하신다. 과연 오늘날 교회 안에서 이런 성도를 얼마나 찾아볼 수 있을까?

내가 배운 신학은 '하나님의 선택과 예정, 부르심, 칭의'를 강조했다. 그러나 칼빈이 '회개'와 동일시했던 '성화'를 강조하지 않았다. 개혁주의 입장의 구원의 서정을 배울 때 분명히 '성화'란 용어를 들었고 배우기는 했지만 마음에 남지 않았다. 아마도 교의학 강의를 맡은 교수들이 구원의 서정으로 성화를 가르쳤지만, 실제 신앙생활에서 성화의 중요성을 배제한 채 칭의만을 중요하게 가르쳤을 뿐, 목회 현장에서도 성화를 중요하게 여기지 않았기 때문일 것이다.[10] 나는 심지어 "하나님은 예수 그리스도의 십자가를 통해 신자를 보시기 때문에 더 이상 죄를 보시지 않는다"고 배웠고,

---

10 성화가 윤리적인 것인가? 도덕적인 것인가? 물론 아니다. 간략하게 정의하면 '신의 성품에 참여함'이다. 신의 성품에 참여한 자가 윤리적이지 않을 수 있을까? 도덕적이지 않을 수 있을까? 세상이 정의한 윤리, 도덕이 아닐 수 있다. 그러나 성경말씀에 입각하여 윤리적이고 도덕적이다.

그렇게 믿었다. 이러한 신학의 가르침 아래서 회개는 더 이상 필요하지 않았다. 예수님을 믿는 순간 모든 죄는 사함 받고, 하나님은 신자의 죄를 보지도 않으시는데 왜 회개가 필요하겠는가? 다음 장에서 다루겠지만 오늘날 신학자들과 목회자들은 개혁주의 신학의 일부분만 가르치고 목회하고 있다. 이러한 이유 때문에 회개는 천대 받고 있고, 성도의 신앙 중심에서 밀려나고 말았다.

회개에서 더 멀어지게 만든 교회성장학

다른 한 편에서는 교회성장학의 영향을 받은 사람들과 부흥사들이 "하나님을 잘 섬기는 신자들이 받을 복"을 외쳤다. 말씀 중심의 신학은 "하나님이 더 이상 죄를 보시지 않는다"고 주장하면서 회개를 멀리 던져버렸다. 교회성장학을 주장하는 신학자들과 목회자들은 "하나님이 주시는 복을 받아야 한다"고 주장하며 회개를 외면했다. 교회성장학은 회개를 통한 성화의 열매를 맺는 신앙의 본질적인 복을 외면했다. 교회성장학은 전도를 통해 교회를 확장하는 자들에게 주어지는 하나님의 복을 주장했다. 교회성장학의 한 여파로 등장하는 은사운동은 은사를 활용하여 하나님이 주시는 복을 강조했다. 은사를 받기 위해서는 기도해야 하는데 그 중심이 방언기도였다. 또박또박 자신의 죄를 고백하는 회개는 폐기 처분되었다.

개혁주의 신학과 교회성장 신학, 이 두 신학은 더 이상 회개를 중시하지 않았다. 그 경향 때문에 오늘날 강단에서 회개의 선포가 사라졌고, 성도들은 더 이상 회개하지 않아도 되는 신앙생활을 하게 되었다. 개혁주의 신학은 한 번 구원은 영원한 구원이고, 당연히 천국을 가는 것이기 때문에 성도가 자신의 삶에 경각심을 가질 필요가 없게 만들었다. 한편 교회성 장신학은 열심히 기도하고 헌신하여 하나님이 예비하신 복을 받기만 하면 축복을 받은 것이라 여기게 만들었다. 회개는 이렇게 설 자리를 잃었다.

  나는 개혁주의 신학을 공부했다. 그래서 개혁주의 신학자들이 주장한 구원관을 근원부터 자세히 살펴보는 것이 오늘날 한국교회에서 사라진 회개의 필요성을 찾는 단서를 발견하는 길이라 생각한다. 정말 개혁주의 신학자들이 회개의 필요성을 부정했을까? 예수를 믿으면 죄를 사함 받고, 하나님은 예수님 그리고 십자가를 통해 성도들을 보실 때 그들의 죄를 보시지 않는 것일까? 개혁주의 신학자들은 구원(칭의)과 그 이후의 삶(성화)을 어떻게 보았을까? 이것을 파악하는 것은 왜 중요할까? 만일 구원받은 이후의 삶이 중요하다면 말씀에 비추어 자신을 돌아보고 회개해야 할 뿐만 아니라, 회개하지 않고는 변화와 성숙이 불가능하기 때문이다. 요한 사도는 이렇게 기록했다.

> "만일 우리가 하나님과 사귐이 있다 하고 어둠에 행하면 거짓말을 하고 진리를 행하지 아니함이거니와 그가 빛 가운데 계신 것 같이 우리도 빛 가운데 행하면 우리가 서로 사귐이 있고 그 아들 예수의 피가 우리를 모든 죄에서 깨끗하게 하실 것이요 만일 우리가 죄가 없다고 말하면 스스로 속이고 또 진리가 우리 속에 있지 아니할 것이요 만일 우리가 우리 죄를 자백하면 그는 미쁘시고 의로우사 우리 죄를 사하시며 우리를 모든 불의에서 깨끗하게 하실 것이요 만일 우리가 범죄하지 아니하였다 하면 하나님을 거짓말하는 이로 만드는 것이니 또한 그의 말씀이 우리 속에 있지 아니하니라"(요일 1:6-10).

  하나님과 성도는 아버지와 자녀의 관계가 되어 사귀는 것인데, 만일 성도가 어두움 가운에서 행한다면 그는 거짓말을 하고 있는 것이다. 즉, "하나님은 나의 아버지시고 나는 그분의 자녀다"라고 말하는 자체가 거짓말이라는 뜻이다. 또한 진리를 행하지 않는 것이다. 하나님과 아버지와 자녀의 관계가 되어 사는 성도는 아버지가 빛 가운데 계시는 것 같이 자신도 빛 가운데 거한다. 이것이 진정한 사귐의 증거이다. 진정한 사귐은 예수 그리스도의 피를 통해 각 사람을 그들 자신의 모든 죄에서 깨끗하게 한다. 이 사귐은 어떤 사귐일까? 좋은 사람들끼리 모여서 주고받는 대화일까? 영적 깊이가 있어 하나님과 주고받으며 대화하는 것일까? 그것도 사귐의 한 방법이다. 진정한 사귐은 신실하신 하나님 앞에서 자신의 죄를 자백하는 것이다. 곧 회개하는 것이다. 이때 하나님은 고백하는 사람의 죄를 사해주시고 모든 불의에서 깨끗하게 해주신다. 이 사람에게서 나타나는 성화의 삶은 그가 참으로 칭의 된 사람인 것을 입증한다. 칭의 된 사람은 자신의 죄를 더욱 살피고 고백하여 더 성숙한 성도가 되기를 원한다. 그 반대편에 서 있으면서 "나는 죄 짓지 않았어!" 혹은 "나는 모든 죄를 사함 받았어!"라고 주장하는 사람은 하나님을 거짓말하는 분으로 만드는 악한 자이다. 또한 하나님의 말씀이 그 속에 있지 않은 사람이다. 그는 하나님에 의해 칭의 되지 않은 자이고, 구원받지 못한 자이다.

  하나님이 구원하신 성도는 그분과 사귄다. 사귐의 방법에는 여러 가지가 있겠지만 요한 사도는 회개가 사귐의 중요한 방법이라고 알려준다. 성경은 이 사실을 처음부터 끝까지 증거하고 있고, 여기에 이르는 방법 중 하나가 회개임을 명백하게 밝힌다. 개혁주의 신학자들 또한 그것을 성경과 동일하게 말하고 있다. 그런데 이 회개는 언제 어디로 사라져버렸는가? 개혁주의 신학의 중심인물인 칼빈은 회개를 회개론으로 독립시키지는 않았지만 대단히 강조했다.

회개를 강조한 칼빈

한국 기독교사에서 '회개론'은 신학적으로 정립되어 있지 않다고 보아야 한다. 나는 조직신학에서 '회개론' 강의가 있다는 것을 들어본 적이 없다. 한국교회에서 회개 운동은 주로 금요기도회, 부흥회, 수련회 등을 통해 이루어졌을 뿐이다. 그마저도 개인적인 회개보다는 집단적인 회개를 강조했을 뿐이다. 나도 신앙생활 여정에서 '회개하는 신앙'을 성경의 본질로 알고 집중한 것은 2013년 6월부터이지 그 이전에는 "회개합시다"라고 권하니 그냥 한 것뿐이었다. 1970-80년대 부흥사경회 때는 은혜받기 위해 회개했다. 그렇게 보면 그때의 회개도 종교개혁자들이 말한 회개와는 거리가 멀다. 잃어버린 하나님의 형상을 회복하기 위해서 회개한 것이 아니라 은혜받기 위해서, 곧 축복받기 위해서 회개한 것이다. 회개의 목적이 잘못된 것이었다. 회개의 목적이 잘못되었고, 근본적으로 회개의 개념이 정립되지 않은 상태에서 신앙생활을 한 것이다. 나뿐만 아니라 대부분의 그리스도인은 회개를 통해 완전한 삶의 변화를 경험하지 못했고, 회개가 하나님으로부터 오는 사역이라는 것을 거의 알지 못했다.

"회개는 하나님으로부터 오는 것이다."

당신은 위의 문장을 어떻게 생각하는가? 회개는 하나님으로부터 오는 것이다. 하나님으로부터 오는 회개가 중단되었는가? 레위기 율법 중 제사법이 폐해졌다고 정의한 것처럼 회개도 폐해졌는가? 칼빈은 회개를 아주 중요하게 생각했다. 그러나 그를 이은 개혁주의 신학자들은 칼빈이 주장했던 것만큼 회개의 중요성을 인지하지 못했다. 심명석 박사는 칼빈의 회개론을 아래와 같이 말했다.

> "칼빈의 회개론은 회개가 단지 구원의 서정의 하나로서의 가치만 갖는 것이 아니라, 이신칭의(以信稱義)를 강화하고 실제화하는 중요한 요소이다. 그러므로 이신칭의만이 복음이 아니라 회개로 말미암는 죄 사함도 복음이기에 교회의 강단에서 선포해야 할 중요한 복음의 핵심이다. 회개는 구원의 필수요건이며, 그것은 동시에 우리가 구원을 받은 확실한 표가 되는 것이다."[11]

심명석 박사의 견해처럼 회개가 이신칭의를 강화하고 실제화하는 중요한 요소라면 강조되고 또 강조되어야 한다. 또 이신칭의가 복음인 것처럼 죄 사함도 복음의 핵심이라면 더 말할 것 없이 회개가 삶의 일부분이 되어야 한다. 회개가 구원의 필수조건이고 구원받은 확실한 표라면 신앙생활은 이것에 집중해야 한다. 칼빈을 비롯한 종교개혁자들이 그렇게 귀하게 여겼던 회개를 후대의 개혁주의 신학자들은 송두리째 버렸다. 그래서 오늘날 한국교회와 신자들은 회개하지 않아도 자유한 신앙생활을 하고 있는 것이다. 그 결과 지식적인 교인만을 생산했을 뿐, 하나님의 성품, 신의 성품에 참여하는 성도, 변화하고 성숙하여 그리스도의 장성한 분량에 이른 성도를 양육하지 못했다. 보다 넓은 시각으로 보기 위해 개혁주의 신학의 구원관을 살펴보고, 회개하지 않는 이유와 회개해야 할 이유를 찾아보기로 하자.

---

[11] 심명석, "개혁주의 구원론에 있어서의 회개의 중요성과 필요성", 『성경과 신학』 제50권, 2009, p. 157.

3장

회개하지 않아도 되는 첫 번째 이유
'칭의'만 강조한 개혁주의 신학

　나는 오늘날 성도들이 회개하지 않는 이유가 구원관과 직결되어 있다고 본다. 2장의 마지막 부분에서 회개하지 않게 된 이유를 칼빈과 후대 개혁주의 신학자들의 차이를 예로 들어 잠깐 살펴보았다. 이 장에서는 개혁주의 신학의 구원관을 간결하게 살펴보고 회개를 하지 않아도 되는지, 아니면 회개를 회복해야 하는지 살펴볼 것이다.

　나는 1975년부터 교회에 출석하기 시작했다. 대입 재수 시절, 병명이 나오지 않는 고통을 겪으면서 교회에 첫발을 내디뎠다. 1978년 3월 대신대학교(옛 대구신학교)에 입학해서 2년 6개월간 신학을 공부했다. 1981년 3월에 계명대학교에 입학했고, 1982년 8월부터 제자훈련을 받았다. 1985년에 총신대학교 신학대학원에 진학해서 신학을 공부했고, 1989년 10월에 목사 안수를 받았다. 목사 안수를 받기 전, 그 해 2월부터 두란노서원에서 사역을 했다. 성경공부를 잘 가르친다는 칭찬을 많이 들었다. 제자훈련 전문가라는 찬사도 많이 받았다. 나는 이러한 인정을 받으며 나의 정체성을 찾았다.

그러나 그때까지도 '구원'에 대한 확신은 오락가락했다. "나는 정말 구원받은 하나님의 자녀인가?" 성경에 기록된 말씀들을 몰라서가 아니었다. 그 말씀들을 확신시켜주는 내적 증거가 없었기 때문이다. 1991년 말 어느 계기를 통해 소위 삼각산이라 불리는 곳에서 기도하기 시작했고, 나도 모르는 사이에 '방언'을 하며 여러 가지 은사를 체험하였다. 그 후 어느 순간부터 '나는 하나님의 자녀다'는 확신이 마음속에 굳게 세워졌다. 그 당시에는 왜 그런 현상이 생겼는지 이유를 몰랐다. 지금은 "성령이 친히 우리의 영과 더불어 우리가 하나님의 자녀인 것을 증언하시나니"(롬 8:16)라는 말씀에서 보듯 성령이 내 영에게 '자녀 됨의 확신'을 증언하고 계시기 때문에 그렇다는 것을 안다. 성령이 말씀에 기초해서 나의 영에게 증언하시고, 나의 영은 나의 마음과 교통하기 때문에 구원받는 하나님의 자녀임을 확신한다. '자녀 됨의 확신'을 부인하고 싶어도 부인이 안 되는 것이다.

혹시 당신은 나와 같은 과정에 있지 않은가? 그것은 당신 탓이 아니다. "예수 그리스도를 믿으면 구원 받는다"라고 가르친 신학 탓이다. 예수 믿고 구원 받은 이후 성경과 개혁주의가 말하는 구원의 또 다른 요소를 알게 되고, 삶 속에서 그것이 나타나게 되면 절대로 구원은 흔들리지 않는다. 나의 삶이 하나님의 자녀 됨을 증거하고, 성령이 그것을 보증하시기 때문에 결코 흔들릴 수 없다. 이제 성경과 개혁주의는 "예수 믿으면 구원받는다"는 가르침 이후에 무엇을 더 가르쳐주고 있는지 살펴보자.

칼빈의 기독교 강요에 나타난 구원관

칼빈의 기독교 강요(1536) 제3권은 "그리스도의 은혜를 받는 방법: 어떤 유익이 우리에게 주어지며 어떤 결과가 따르는가?"[1]란 제목 아래 스물다섯 장으로 나누어 다양한 주제를 다루고 있다. 그 중 11장은 "믿음으로 인한 칭의: 용어와 문제에 대한 정의", 13장 "거저 주시는 칭의에 관하여 유의해야 할 두 가지 사항", 14장 "칭의의 시작과 지속적인 발전"이라는 장에 구원관이 자세하게 서술되어 있다. 칼빈은 구원을 어떻게 정의했을까? 그의 저술 기독교 강요[2]를 중심으로 살펴보기로 하자.

구원은 그리스도를 붙잡고 소유하는 것

칼빈이 주장한 구원의 핵심은 "하나님이 우리에게 그리스도를 주셨고, 우리가 믿음으로 그분을 붙잡고 소유할 수 있도록 해주셨다"는 것이다. 칼빈은 구원을 "이중적 은혜"[3]로 보았다. "하나는 흠 없으신 그리스도를 통해서 하나님과 화해함으로써 심판자이신 하나님 대신 은혜로우신 아버지를 소유할 수 있게 된 것이고, 다른 하나는 그리스도의 영에 의해 성화됨으로써 흠 없고 순결한 생활을 하는 것이다."[4] 칼빈은 구원을 얻는 방법

---

[1] The Way in Which We Receive the Grace of Christ: What Benefits Come to Us from It, and What Effects Follow
[2] 칼빈은 기독교 강요에서 5대 교리를 논술했다. Total Depravity(전적 타락), Unconditional Election(무조건적 선택), Limited Atonement(제한 속죄), Irresistible Grace(불가항력적 은혜), Perseverance of the Saints(성도의 견인) 등이다.
[3] 기독교 강요, 제3권 제11항 1절. By partaking of him, we principally receive a double grace.
[4] 기독교 강요, 제3권 제11항 1절. …namely, that being reconciled to God through Christ's blamelessness, we may have in heaven instead of a Judge a gracious Father: secondly, that sanctified by Christ's spirit we may cultivate blamelessness and purity of life.

으로 '믿음'을 제시했다. 예수 그리스도를 믿음으로 그분을 붙잡고 그분을 소유하게 된다고 보았다.

이중적 은혜에 대해 보다 자세히 살펴보자. 칼빈은 믿음으로 예수 그리스도를 붙잡고 소유하게 된 구원의 구체적인 내용을 이중적인 은혜로 보았는데, 첫 번째 은혜는 그리스도를 믿음으로 하나님과 화해가 이루어진 결과 하나님의 심판이 은혜로 전환되어 심판자이신 하나님이 아니라 아버지인 하나님이 되신 은혜이다. 즉, 믿음은 심판자이신 하나님을 아버지 하나님으로 전환시켰다. 하나님이 나의 아버지시니 나는 그분의 자녀가 되는 것이다. 그러나 중요한 것은 칼빈의 주장이 여기서 끝나지 않는 것이나. 두 번째 은혜는 성령에 의해 성화되어 순결한 생활을 하게 되는 은혜이다. 즉, 칼빈은 예수를 그리스도로 믿는 것이 고백적인 부분만이 아님을 강조하고 있다. 예수를 그리스도 믿는 믿음의 고백과 동시에 성령에 의해 성화되어 순결한 생활을 하게 되었고, 또 하게 될 것을 강조했다.

그러므로 칼빈의 구원관은 "그리스도를 믿음으로 하나님은 아버지가 되시고 나는 그분의 자녀가 되며, 그분의 자녀가 된 나는 성령에 의해 성화되어 거룩한 생활을 하게 된다"는 것이다. 이것을 신학적인 용어로 '칭의와 성화'라고 부른다. 칼빈의 구원관은 '칭의와 성화'를 모두 포함하고 있다. 오늘날 우리가 말하는 "믿음으로 구원을 얻는다"는 고백은 "믿음으로 구원을 얻고, 성화의 삶으로 구원 받았음을 입증한다"고 설명해야 한다. 믿음으로 구원 받은 것이 결코 끝이 아니다. 칼빈의 칭의와 성화의 개념을 더 깊게 살펴보자.

루터와 다른 칼빈의 칭의관

흔히 말하기를 한국교회는 칭의론은 잘 가르쳤는데 성화는 안 가르쳤다고 한다. 구원에 대한 확신은 강한 반면, 삶 속에서 구원의 모습이 나타나지 않는 괴리를 두고 하는 말이다. 나는 문제의 원인이 칭의론에 대한 잘못된 이해에서부터 출발한다고 본다. 한국교회가 이해하는 칭의의 개념은 다분히 루터란적 성향이 많다. 종교개혁의 큰 틀에서 보면 루터나 칼빈은 동일하게 '이신칭의'를 말했다. 그러나 칼빈의 칭의 개념은 루터의 칭의 개념에서 드러나는 취약점을 보완하고 있다. 다시 말하면 루터에서 드러나는 취약점은 바로 오늘날 현실적 문제로 지적되고 있는 성화가 약해지는 반율법주의적(antinomian) 삶을 낳았는데 반해, 칼빈의 칭의론은 구조적으로 그런 문제를 배제하고 있다. 그것을 가능케 하는 이론적 근거는 칼빈이 '그리스도와의 연합'이라는 틀 안에서 칭의론을 보다 넓게 구원론 전체로 설명하고 있기 때문이다.

서로 유기체적인 칭의와 성화

칼빈은 오직 믿음으로 얻는 칭의를 강조하지만 동시에 칭의에 의한 삶은 성화와 뗄 수 없는 관계에 있음을 강조한다. 마르틴 루터 이래로 많은 사람이 칭의만을 강조해온 것이 사실이고, 이것이 현재 한국교회의 현실이기도 하다. 칼빈은 하박국서를 인용한 로마서 말씀이 "불경건하고 타락한 사람에게 적용되는 것이 아니라 신자에게 적용되는 말씀으로 보았다."[5] 자세히

---

[5] 로마서 1:17은 하박국 2:2의 인용이다.

살펴보면 이 말은 칭의보다 오히려 성화에 비중을 둔 해석으로 보인다. 총신대학교 강웅산 교수는 "칼빈에게 있어서 행위는 분명히 칭의의 근거로서는 배제되지만, 행위가 배제된 칭의의 삶은 없다"고 보았다. 즉, 칼빈은 "칭의와 성화를 명확히 구분하면서도 칭의와 성화는 뗄 수 없는 유기적 관계를 중요시 여기고 있다"[6]고 논했다.

결국 믿음으로 칭의 된다는 것은 성화를 배제하고 그리스도의 의를 덧입을 수 없다는 의미이다. 믿음으로 그리스도를 소유한다는 것은 그리스도 안에서 칭의와 성화의 양자를 함께 누리는 것을 말한다.

이중은혜인 칭의와 성화

칼빈의 칭의론이 루터의 칭의론과 다른 점은 '그리스도와의 연합'을 '구속사'의 맥락에서 본 것이다. 구속사적 맥락에서 '그리스도와의 연합'을 이해했기 때문에 칼빈은 "구원은 받았으나(칭의) 구원의 삶을 살지 않는 일(성화)은 있을 수 없다"고 주장하였다. 강웅산 교수는 구속사적 입장에서 칼빈의 '그리스도와의 연합'을 강조하며 다음과 같이 논술했다.

> 칼빈에게 있어서 그리스도와의 연합은 단순히 구원서정(ordo salutis)의 한 국면이 아니라, 구원서정 전체를 묶는 하나의 틀(framework) 또는 방법론이다. 이것은 오늘날 한국교회가 세심한 주의를 기울어야 할 부분이다. 칭의 다음에 성화가 오는 식의 설명은 오늘날 우리가 목도하는 대로 심각한 삶의 문제를

---

[6] http://blog.naver.com/noemisuh/220084348769

야기하고 있다. 칭의에 대한 확신이 강한 반면, 성화의 삶이 따르지 못하는 것은 단적으로 지적하면 칼빈주의보다는 루터란에 더 가깝다. 칼빈은 연합의 구도를 통해 구원을 설명하는 방법은 전통적으로 구원서정을 직선적인 개념으로 이해했던 것과는 다르게, 구원체험에 대한 입체적이고, 총체적이며, 유기적인 이해를 가능케 한다. 그 증거가 칼빈이 말하는 그리스도 안에서 주어지는 이중은혜(duplex gratia)이다. 이중은혜라 함은 하나는 연합 속에서 지속되는 생명의 교류의 결과이자 변화의 효과인 성화를 말하는 것이고, 다른 하나는 연합의 관계로 인해 달라진 신분상의 법정적(forensic) 효과인 칭의를 말한다. 칼빈은 그리스도와의 연합을 통해 누리게 되는 은총, 은혜, 혜택 또는 효과를 대표적으로 칭의와 성화로 압축하고 있다. 중요한 것은 칼빈은 이 이중은혜 중 어느 한쪽을 더 또는 덜 강조하지 않는다는 점이다.[7]

강웅산 교수의 주장에서 보듯이 칼빈은 그리스도와의 연합 속에서 칭의와 성화를 구분은 하지만 분리되지 않도록 설명하고 있다. 그리고 칭의와 성화의 실천적 의미로 구원을 받고(칭의) 구원의 삶을 살지 않는 일(성화)은 있을 수 없음을 주장한다. 칼빈은 "우리가 행위로 칭의 되는 것은 아니지만 행위 없는 칭의는 없다"라고 강조하고 있다. 칼빈은 칭의를 강조하는 만큼 그리스도 안에서 성화도 중요한 은총임을 강조했다. 그래서 칼빈은 칭의와 성화의 관계를 그리스도 안에서 누리게 되는 이중은혜라고 보았다.[8]

칼빈에게 있어서 칭의가 믿음으로 이루어진다는 것은 성화를 배제하고

---

[7] http://blog.naver.com/noemisuh/220084348769
[8] 기독교 강요, 제3권 제11항 1절. Christ was given to us by God's generosity, to be grasped that possessed by us in faith. By partaking of him, we principally receive a double grace: namely, that being reconciled to God through Christ's blamelessness, we may have in heaven instead of a Judge of gracious Father; and secondly, that sanctified by Christ's spirit we may cultivate blamelessness and purity of life.

그리스도의 의만 덧입을 수 없음을 의미한다. 곧 믿음으로 그리스도를 소유한다는 것은 그리스도 안에서 칭의와 성화를 함께 누리는 것을 의미한다.[9]

칼빈은 루터란처럼 칭의만 강조하지 않았다. 구속사 속에서 그리스도와의 연합적 관점에서 칭의와 성화를 이중은혜로 보았다. 오늘 한국교회처럼 구원만 강조하고 성화를 도외시하지 않았다. 오늘 한국교회는 구원(칭의) 받은 자에게 따르는 삶(성화)이 강조되고 회복되어야 할 때이다. 칭의에 의한 구원은 감사하고 또 감사할 것밖에 없다. 그러나 성화의 삶에는 반드시 말씀에 비추어본 자신의 삶이 조명되어야 하고, 회개와 삶의 결단이 따라야 한다. 말씀에 비추어본 자기 성찰 없이, 즉 회개 없이 성화될 수는 없다. 세상과 세상 사람들은 교회와 그리스도인을 이렇게 말한다.

"교회는 암적 존재요, 그리스도인은 기생충 같은 존재이다."

교회에 다니고, 헌금하고, 교회 안에서 봉사하는 것 말고는 세상 사람과 다를 것이 없는 것이 그리스도인인가? 교회와 그리스도인이 왜 이러한 평가를 받아야 하는가? 그 책임은 한국교회의 절대 다수를 차지하고 있는 개혁주의 교회와 성도들에게 있다. 이러한 평가는 그들의 삶이 세상 사람들의 눈 밖에 났기 때문이다.

칼빈은 개혁주의를 개척한 인물이다. 그는 루터처럼 구원(이신칭의)만 강조하지 않았다. 그는 구원에 따르는 삶(성화)을 구원만큼 강조했다. 오늘날 개혁주의 교회는 왜 구원만 강조하는가? 주님의 재림이 가까운 시기라면

---

9 기독교 강요, 제3권 제11항 1절. Thus it is clear how true it is that we are justified not without works yet not through works, since in our sharing in Christ, which justifies us, sanctification is just as much included as righteousness.

이제 더 이상 가라지를 위한 메시지와 가르침은 중단해야 한다. "예수 믿으면 구원받았다"고 아무리 가르쳐도 구원의 확신은 미약할 수밖에 없다. 구원을 성도에게 적용하시는 분은 성령이시기 때문이다.[10] 알곡을 알곡 되게 만드는 것은 회복된 메시지와 가르침이다. 거기에는 반드시 회개가 동반될 수밖에 없다. 자신의 삶을 돌아보는 시간을 가지면 자신을 발견하게 된다. 자신을 발견하게 되면 회개할 수밖에 없다. 회개에 이어 삶의 결단이 따라야 성화의 과정이 진행된다. 개혁주의 개척자인 칼빈만 칭의와 성화를 강조하지 않았다.

도르트 신조의 구원관

도르트 신조(1618-1619)는 전체가 4편으로 되어 있으나 실제 내용은 다섯 가지다.[11] 그 중 2편은 "그리스도의 죽으심과 인간의 구속"인데 이 부분 5-8항, 3, 4편은 합쳐진 교리로 "인간의 타락과 하나님께의 회심 그리고 회심 후의 태도"를 다룬 17항에 구원관이 기록되어 있다.

5항 복음의 약속

더욱이 복음은 십자가에 못 박힌 그리스도를 믿기만 하면 누구든지 멸망치 않고 영생을 얻을 것임을 약속하고 있다. 회개하고 믿으라는 명령과

---

[10] 나는 이 장을 시작하면서 부끄럽지만 목사 안수를 받은 이후에도 구원의 확신이 없었음을 고백했다. 그러나 지금은 부인하고 싶어도 그렇게 되지 않는다. 성령이 하나님의 자녀 됨을 증거하시기 때문이다.
[11] 도르트 신조는 4편으로 구성되었다. 그러나 신조는 다섯 가지 내용으로 편집되어 있어서 항목상으로는 다섯 가지에 대해 말하고 있다. 단지 세 번째와 네 번째 교리는 떼어놓을 수 없는 것으로 보고 "셋째와 넷째 핵심 교리"로 취급했다.

함께 주신 이 약속은 누구에게나 똑같이 온 세계에 선포되고 알려져야 하며, 하나님은 그의 기쁘신 뜻대로 이 복음을 사람들에게 주시는 것이다.[12]

6항 사람들이 믿지 않는 이유

복음에 의해 부름을 받은 사람들이 있지만 그들이 회개도 하지 않고 그리스도를 믿지 않으면 불신앙 가운데 멸망할 수밖에 없다. 이것은 십자가에서 그리스도에 의해 드려진 희생이 모자라거나 부족해서가 아니라 전적으로 믿지 않는 사람들에게 그 책임이 돌아가는 것이다.[13]

7항 사람들이 믿는 이유

그러나 많은 사람이 그리스도의 죽으심을 통하여 진실하게 믿음으로 죄와 파멸에서 구원받게 된 것은 영원 전부터 그리스도 안에서 그들에게 주신 하나님의 은혜일뿐, 결코 그들의 어떠한 공로에 의한 것이 아니다.[14]

8항 하나님의 뜻과 목적

그리스도의 죽으심은 하나님 아들의 보배로운 죽으심으로 인하여 모든

---

[12] 5 : The Mandate to Proclaim the Gospel to All
Moreover, it is the promise of the gospel that whoever believes in Christ crucified shall not perish but have eternal life. This promise, together with the command to repent and believe, ought to be announced and declared without differentiation or discrimination to all nations and people, to whom God in his good pleasure sends the gospel.
[13] 6: Unbelief, a Human Responsibility
However, that many who have been called through the gospel do not repent or believe in Christ but perish in unbelief is not because the sacrifice of Christ offered on the cross is deficient or insufficient, but because they themselves are at fault.
[14] Faith God's Gift
But all who genuinely believe and are delivered and saved by Christ's death from their sins and from destruction receive this favor solely from God's grace—which God owes to no one—given to them in Christ from eternity.

택함 받은 자들이 생명을 얻어 구원받게 하시는 하나님의 가장 은혜로운 뜻과 목적으로 된 것이다. 하나님이 택함 받은 자들에게 믿음으로 의롭다 하는 이 선물을 주신 것은 그들에게 완전한 구원을 이루어주시기 위한 것이다. 즉, 그리스도가 십자가상에서 피 흘리심으로 새 언약을 확증하셔서 모든 사람과 족속과 민족, 즉 영원 전부터 구원에 이르도록 아버지가 아들에게 주신 모든 사람을 구원토록 하신 것은 하나님의 뜻에 있었다. 오직 하나님의 뜻으로 말미암아 그리스도는 사람들에게 성령의 구원의 능력과 함께 모든 것을 주시되 십자가에서 죽으심으로 그들을 속량해주셨다. 따라서 믿기 전과 후에 지은 모든 죄악은 그것이 원죄이든 실제적인 죄이든 간에 깨끗케 해주시며, 세상 끝 날까지 점이나 흠 없이 신실하게 보존해주셔서 하나님 앞에 영원토록 그 영광을 즐거워하도록 하시는 것이다.[15]

17항 은혜의 방편인 말씀

우리에게 생명을 불어넣어주시고 힘을 주시는 하나님의 능력 있는 인도하심에는 무한한 자비와 선하심으로 택한 자들에게 베푸시는 그의 가르침의 방편이 있는데, 중생케 하시는 하나님의 초자연적인 사역은 복음(말씀)을 통해서 이 일을 이루신다는 것이다. 하나님은 이 복음을 중생케 하는

---

[15] 8: The Saving Effectiveness of Christ's Death
For it was the entirely free plan and very gracious will and intention of God the Father that the enlivening and saving effectiveness of his Son's costly death should work itself out in all the elect, in order that God might grant justifying faith to them only and thereby lead them without fail to salvation. In other words, it was God's will that Christ through the blood of the cross (by which he confirmed the new covenant) should effectively redeem from every people, tribe, nation, and language all those and only those who were chosen from eternity to salvation and given to him by the Father; that Christ should grant them faith (which, like the Holy Spirit's other saving gifts, he acquired for them by his death). It was also God's will that Christ should cleanse them by his blood from all their sins, both original and actual, whether committed before or after their coming to faith; that he should faithfully preserve them to the very end; and that he should finally present them to himself, a glorious people, without spot or wrinkle.

씨앗으로 또한 영혼의 양식으로 정해주신 것이다. 이 말씀을 따르는 사도들과 선생들이 하나님의 이 은혜에 관하여 가르치되 하나님의 영광을 높이고, 인간의 교만을 없애도록 교훈하며, 또한 이 말씀을 거룩한 복음의 훈계를 따라 성례를 지켜나가고, 교회의 가르침을 준수하도록 명한 것과 같이 오늘날에도 교회에서 가르침을 받는 성도들은 그의 선하신 기쁨을 따라 인간과 가까이 하시는 하나님을 시험하려 해서는 안 될 것이다. 왜냐하면 은혜란 교훈을 통해 내려지기 때문이며, 우리가 의무를 기꺼이 수행하면 할수록 역사하시는 하나님의 은혜는 더욱더 분명해져서 하나님의 일하심에 더욱 나아갈 수 있기 때문이다. 또한 이 구원의 열매와 효력에 있어서 모든 영광은 하나님께만 영원토록 있어야 할 것이다.[16]

도르트 신조의 구원관은 복음의 역할을 먼저 언급했다.

"십자가에 못 박힌 예수 그리스도를 믿기만 하면 누구든지 멸망치 않고 영생을 얻는다."(5항)

---

[16] 17: God's Use of Means in Regeneration
Just as the almighty work by which God brings forth and sustains our natural life does not rule out but requires the use of means, by which God, according to his infinite wisdom and goodness, has wished to exercise that divine power, so also the aforementioned supernatural work by which God regenerates us in no way rules out or cancels the use of the gospel, which God in great wisdom has appointed to be the seed of regeneration and the food of the soul. For this reason, the apostles and the teachers who followed them taught the people in a godly manner about this grace of God, to give God the glory and to humble all pride, and yet did not neglect meanwhile to keep the people, by means of the holy admonitions of the gospel, under the administration of the Word, the sacraments, and discipline. So even today it is out of the question that the teachers or those taught in the church should presume to test God by separating what God in his good pleasure has wished to be closely joined together. For grace is bestowed through admonitions, and the more readily we perform our duty, the more lustrous the benefit of God working in us usually is, and the better that work advances. To God alone, both for the means and for their saving fruit and effectiveness, all glory is owed forever. Amen.

이후 복음에 의해 부름 받은 자들이 회개하지 않고 그리스도를 믿지 않으면 멸망하고, 믿으면 구원을 받게 된다는 것을 가르치고 있다. 그들이 믿고 받은 구원은 "영원 전부터 그리스도 안에서 그들에게 주신 하나님의 은혜이지 그들의 어떤 공로에 의한 것이 아니다"고 정의하고 있다.

도르트 신조의 구원관에 나타나는 가장 큰 특징은 "택함 받은 자를 강조하고 있다"는 점이다. 이 신조는 다섯 가지 구원의 단계를 가르쳐준다.

첫째, 구원은 택함 받은 자들에게만 주어진다. 도르트 신조는 알미니우스주의 교리에 대한 변증으로 쓰였기 때문에 특별하게 하나님의 택하심을 강조하였다. 하나님의 택하심을 받은 자는 하나님의 때에 부름 받아야 한다. 하나님이 부르시는 음성을 잘 구별해야 한다.

둘째, 택함 받은 자들은 믿음으로 의롭게 된다. 선택되어 부름 받은 자들은 예수 그리스도를 구주로 믿게 된다. 하나님은 그것을 의로 여기신다.

셋째, 믿음으로 의롭게 되는 것은 그리스도가 성령의 구원의 능력을 통해서 이루신다. 선택되어 부름 받아 예수 그리스도를 구주로 믿을 때 자신의 힘과 능력이 아닌 성령의 능력을 통해서 의롭게 된다.

넷째, 택함 받고 믿음으로 의롭게 된 자는 모든 원죄와 자범죄를 사함 받는다. 이 가르침은 칼빈의 기독교 강요에 없다. 그리고 25년 후에 완성되는 웨스트민스터 신앙고백서에도 없다. 오직 도르트 신조에만 기록된 교리다.[17]

다섯째, 구원받은 성도는 말씀의 가르침을 따라 교만을 없애고, 성례를 지키며, 교회의 가르침에 순종한다. 도르트 신조의 구원관 다섯 번째 교리는 복합적인 표현이다. '성화'와 교회 생활에 대한 내용을 함께 언급했다고 보인다.

---

[17] 제4장 예수 믿는 순간 "모든 원죄와 자범죄는 용서받는가?"에서 이 부분을 자세하게 다루었다.

웨스트민스터 신앙고백서의 구원관

웨스트민스터 신앙고백서(1643-1647)는 전체 33장으로 요약되어 있다. 그 중 14장은 "구원에 이르는 신앙"이라는 제목 아래 세 항이 기록되어 있다.[18]

1항

믿음의 은혜로 말미암아 피택자들은 믿어 그들의 영혼이 구원을 받을 수 있게 되는데, 그 믿음의 은혜는 그들의 심령 안에서 역사하시는 그리스도의 영의 역사이며, 통상적으로 말씀의 증거에 의하여 역사한다. 또한 말씀과 성례집행과 기도에 의하여 믿음의 은혜는 증가되고 강화된다.

2항

이 믿음으로 말미암아, 말씀 안에서 친히 말씀하고 계시는 하나님의 권위를 인하여 말씀 안에 계시되어 있는 것을 기독교인은 참된 것으로 믿으며, 그 말씀의 각 구절에 포함되어 있는 내용에 따라 행동하되, 명령의 말씀에는 순종하고, 경고의 말씀에 대하여는 떨며, 금세와 내세에 대한 하나

---

[18] CHAPTER 14 Of Saving Faith
1. The grace of faith, whereby the elect are enabled to believe to the saving of their souls, is the work of the Spirit of Christ in their hearts, and is ordinarily wrought by the ministry of the Word, by which also, and by the administration of the sacraments, and prayer, it is increased and strengthened.
2. By this faith, a Christian believeth to be true whatsoever is revealed in the Word, for the authority of God himself speaking therein; and acteth differently upon that which each particular passage thereof containeth; yielding obedience to the commands, trembling at the threatenings, and embracing the promises of God for this life, and that which is to come. But the principal acts of saving faith are accepting, receiving, and resting upon Christ alone for justification, sanctification, and eternal life, by virtue of the covenant of grace.
3. This faith is different in degrees, weak or strong; may be often and many ways assailed, and weakened, but gets the victory: growing up in many to the attainment of a full assurance, through Christ, who is both the author and finisher of our faith.

님의 약속의 말씀은 기꺼이 받아들인다. 그러나 구원에 이르는 신앙의 주요한 행위는 은혜 언약에 근거하여 칭의와 성화와 영생을 위하여 그리스도만을 받아들이고, 영접하고, 의존하는 것이다.

3항

이 믿음에는 정도의 차이가 있어서 약한 경우도 있고, 강한 경우도 있으며, 자주 그리고 여러 모양으로 공격을 당하여 약해질 수 있으나 결국 승리를 얻는다. 그리고 여러 모양으로 자라나서 그리스도를 통하여 온전한 확신에 이르게 되는데, 이는 그리스도가 우리의 믿음의 창시자요 또한 온전케 하시는 분이시기 때문이다.

웨스트민스터 신앙고백서는 구원과 관련하여 세 가지 중요한 관점을 주장한다. 첫째, 택함 받은 자들은 믿음의 은혜로 구원을 받는다. 믿음의 은혜는 말씀이 선포될 때 역사하며 그 은혜는 그리스도의 영의 역사이다. 둘째, 이 믿음을 가진 자는 말씀 안에 계시된 모든 것을 믿고 그 내용에 따라 행동해야 한다. 셋째, 믿음에는 정도의 차이가 있다. 이로 인해 여러 모양으로 공격을 받지만 결국 승리를 얻는다.

웨스트민스터 신앙고백서의 구원관은 크게 두 가지를 말한다. 하나는 "구원은 선택받은 사람이 그리스도의 영의 역사로 주어진다"는 것이고, 다른 하나는 "구원받는 사람은 그 모든 말씀대로 살아 최후 승리자가 된다"는 것이다. 칼빈의 표현을 빌리면 결국 '칭의와 성화'로 요약된다. 웨스트민스터 신앙고백서는 칼빈보다 성화를 더 강조한 면이 있다. 오늘날 교회가 귀담아 들어야 할 말씀은 "그 말씀의 각 구절에 포함되어 있는 내용에 따라 행동하되, 명령의 말씀에는 순종하고, 경고의 말씀에 대하여는 떨며, 금세와 내세에 대한 하나님의 약속의 말씀은 기꺼이 받아들인다"(2항)는 가르침이다.

오늘 한국교회는 믿으면 조건 없이 구원을 받는다고 강조하고, 믿으면 모든 원죄와 믿기 이전의 자범죄까지도 사함 받는다고 가르치면서 당연히 천국을 간다고 강조한다. 이러한 주장은 구원에 이르는 과정(성화)을 빼버린, 곧 시작과 끝은 있으나 과정이 없는 신앙생활의 결과를 낳았다. "예수를 믿으면 구원받는다"는 주장은 '칭의'만을 붙들 때 가능한 표현이다. 칼빈, 도르트 신조, 웨스트민스터 신앙고백서가 말하는 "예수를 그리스도로 믿으면 구원받고, 구원받은 성도는 반드시 그 말씀대로 살아야 한다"는 성경의 가르침을 버렸다. 때문에 예수를 그리스도로 믿어도 여전히 하나님의 나라를 유업으로 받을 수 없는 삶[19]을 살고 있는 것이다. 빨리 회복해야 할 말씀은 "구원받은 성도는 자신의 삶으로 그 구원의 은혜를 입증한다"는 것이다. 이 측면이 강조되어야 요한계시록에 등장하는 "이기는 자"[20]가 된다. 그리고 에베소서에서 말하는 "마귀의 간계를 대적하여 승리하는 자"[21]가 된다. 그리스도인은 당연히 영적 전투를 수행해야 하고 승리해야 한다. 그렇게 되려면 하나님과 말씀 앞에서 자신의 삶을 돌아보고 회개해야 한다. 그래야 하나님이 죄를 사해주시고 불의에서 돌이키는 은혜를 주시기 때문이다(요일 1:9).

칼빈의 구원관, 웨스트민스터 신앙고백서의 구원관에 비하면 도르트 신조는 선택과 부르심, 믿음으로 의롭게 됨은 강조되었으나 성화의 부분이 약하게 언급되었다. 그러나 개혁주의의 산물인 세 교리서의 구원관은

---

[19] 고린도전서 6:9-10; 갈라디아서 5:19-21 등.
[20] 요한계시록 2:7, 11, 17, 26; 3:5, 12, 21 등.
[21] 에베소서 6:10-20

칭의와 성화란 두 축으로 이루어져 있다. 칭의와 성화는 동일하지는 않지만 절대 분리해서 이해할 수 없다. 칭의 된 성도는 성화로 자신이 받은 칭의를 입증하고, 성화되어가는 성도는 자신이 받은 칭의를 확인해가는 것이다.[22]

이 중요한 성경적 산물인 칭의와 성화를 어떻게 칭의만 남기고 성화는 버리고 말았는가? 앞 장에서 언급했듯이 종교개혁자들이 남겨준 성화라는 귀중한 성경적 선물을 후대 개혁주의 신앙인들이 버린 것이다. 성화되어가고 있는 자신의 거룩한 삶으로 구원받은 성도임을 확인하지 않은 채, 믿음으로 구원받았다는 주장이 난무하고 있다. 성화에는 성경말씀을 통한 자기 성찰과 회개, 결단이 따를 수밖에 없다. 성화를 잃어버렸으니 그에 따르는 모든 요소도 잃어버린 것은 당연한 일이다. 잃어버렸으면 되찾아야 한다. 예수님은 이렇게 말씀하셨다.

"그러나 너를 책망할 것이 있나니 너의 처음 사랑을 버렸느니라 그러므로 어디서 떨어진 것을 생각하고 회개하여 처음 행위를 가지라 만일 그리하지 아니하고 회개하지 아니하면 내가 네게 가서 네 촛대를 그 자리에서 옮기리라"(계 2:4-5).

성경과 개혁주의 구원관은 우리에게 칭의와 성화가 복음의 두 축이라고 가르치고 있다.[23] 오늘날 한국교회는 칭의라는 축만 붙들고 있어서 "한 번 구원은 영원한 구원"이라는 주장을 하는 데 조금도 주저함이 없다. 성경

---

[22] 구원받은 성도는 자신이 받은 구원을 성화의 삶으로 입증해간다. 그리고 성화되어 거룩한 삶을 사는 성도는 자신의 삶으로 구원받은 성도임을 확인한다.
[23] 성경과 개혁주의 구원관이 '칭의와 성화'를 두 축이라고 가르치고 있지만 그것이 전부는 아니다. 더 많은 요소, 즉 부활과 영화 등이 있지만 책을 쓰고자 하는 목적에 따라 제한해서 표현한 말이다.

과 개혁주의가 말하는 복음의 두 축 가운데 또 다른 한 축인 성화를 붙들면 결단코 "한 번 구원은 영원한 구원"이라고 말할 수 없다.

한 번 구원은 영원한 구원인데 무엇 때문에 말씀대로 살아야 하는가? 믿음으로 구원받았기 때문에 세상 속에서 힘들게 살 필요가 없는 것이다. 세상 사람들처럼 적당하게 세상과 타협하며 살면 된다. 전혀 죄의식을 느낄 필요가 없다. 회개할 아무런 이유가 없다. 구원받았는데 무슨 회개가 필요하겠는가? 한 번 구원은 영원한 구원인데 무엇 때문에 하나님과 말씀 앞에서 자신을 돌아보며 회개해야 하는가? 그럴 필요가 전혀 없는 것이다. 어떤 죄를 지어도 이미 구원받았기 때문에 회개할 필요가 없다는 주장이 성립되는 것이다.

그러나 성경과 개혁주의가 말하는 구원관인 복음의 두 축인 칭의와 성화를 믿으면 결코 "한 번 구원은 영원한 구원"이라고 말할 수 없다. 다음과 같이 말하게 된다.

> "예수 믿으면 구원받습니다. 구원받은 성도는 하나님과 말씀 앞에서 자신이 받은 구원을 삶으로, 열매로 입증합니다."

그렇다. 성경과 개혁주의 구원관의 두 축인 '칭의'와 '성화'는 예수를 그리스도로 믿는 믿음을 성화의 삶으로 확인시켜준다. 이는 "믿음의 결국은 영혼 구원이다"(벧전 1:9)는 말씀, "하나님이 미리 아신 자들을 또한 그 아들의 형상을 본받게 하기 위하여 미리 정하셨다"(롬 8:29)는 말씀, "나의 자녀들아 너희 속에 그리스도의 형상을 이루기까지 해산하는 수고를 하였다"(갈 4:19)는 말씀, "신성한 성품에 참여하는 자가 되게 하려 하셨다"(벧후 1:4)는 말씀으로 확인된다.

하나님의 전적인 은혜로 '칭의'를 받은 하나님의 자녀가 '하나님의 형상, 그리스도의 형상, 신의 성품'을 닮아가는 성화의 과정을 걷지 못할 때 어떤 신앙이 나타나게 될까? 탄식하고 통곡하며 애통하며 자신의 죄를 고백하는 '회개의 삶'을 살게 될 것이다. 오늘날 한국교회와 성도들이 회개의 삶을 잃어버린 것은 성경과 개혁주의 구원관의 두 축, 즉 복음의 두 축인 칭의와 성화를 함께 믿지 않고 칭의만 믿기 때문이다. 칭의만 믿기 때문에 "한 번 구원은 영원한 구원"이라는 거짓된 주장을 진리처럼 떠받들고 있는 것이다. 때문에 그리스도의 형상을 전혀 닮지 않고 있음에도 회개할 이유를 느끼지 못한다. 회개하지 않는 삶을 살아도 양심의 거리낌이 없는 이유는 칭의만을 구원의 절대 조건으로 믿고 있기 때문이다. 성경과 칼빈이 동일하게 가르치는 구원의 이중적 은혜인 칭의와 성화를 붙들면 회개하게 된다.

4장 회개하지 않아도 되는 두 번째 이유
'예수 믿는 순간 모든 원죄와 자범죄를 용서받는다'

예수님은 하늘나라에 속한 성도를 가리켜 "세상의 소금이요 세상의 빛"(마 5:13-14)이라고 정의하셨다. 그런데 오늘날 한국 사회는 교회와 성도들을 가리켜 다음과 같이 표현한다.

"교회는 암적 존재다. 성도는 거짓말쟁이다."

주님이 정의하신 성도를 찾아보기 어려운 이유를 단적으로 보여주는 말이다. 교회와 성도가 세상의 빛으로 살고 소금의 살았다면 이런 평가는 절대 있을 수 없다. 나도 세상 사람들이 평가하는 교회와 성도의 모습에 조금은 동의한다. 왜냐하면 교회에 속한 사람들은 신자의 모습을 하고 있지만 그들의 생각이나 삶이 불신자의 수준에 가깝기 때문이다. 교회에 다니는 사람들을 성도로 성숙시키지 못하고 불신자 수준에 가까운 모습을 하도록 한 신학적 가르침은 어디에서 기인한 것일까? 성경과 개혁주의 구원의 두 축인 '칭의'와 '성화' 중 '칭의'만 믿기 때문임을 앞에서 살펴보았다. 그렇다면 또 다른 신학적 가르침이 있을까? 오늘날 교회와 성도들은 다음과 같이 서슴없이 말한다.

"나는 예수를 믿는 순간 원죄를 사함 받았고, 그 이전에 지은 모든 자범죄도 사함 받았다."

예수를 그리스도로 믿는 순간 "아담이 지은 원죄를 사함 받고, 믿기 전까지 지었던 모든 자범죄도 사함 받는다"는 믿음이 우리에게 가져다준 유익은 무엇일까? 죄를 짓도록 자유를 가져다준 것 외에 다른 아무것도 없다. 이 주장은 "예수를 믿은 후에 지은 죄에 대해서조차 다 용서받았다"는 생각을 가지게 만들었거나, 최소한 믿은 후에 지은 죄에 대한 회개의 필요성을 약화시켰다. 성경과 개혁주의 신학은 정말 "예수 믿으면 원죄를 사함 받고, 믿기 이전에 지은 모든 자범죄도 사함 받는다"고 말하고 있을까? 만일 그렇다면 그것은 진리이기 때문에 믿어야 한다. 그렇지 않다면 뒤돌아볼 것 없이 버려야 한다.

도르트 신조의 주장

나는 나의 신앙생활에 실망했고, 한국교회와 성도들의 신앙생활에 실망하여 그 원인이 무엇인지를 오랜 세월 고민해왔다. 그러던 중 앞 장에서 논한 대로 그 이유가 칭의만을 강조했기 때문인 것을 알았다. 예수를 믿었으나 삶이 변화되지 않고 성숙하지 않는 또 다른 이유는 "예수 믿는 순간 모든 죄를 사함 받았다"고 주장하는 교리에 있음을 알게 되었다. 그래서 "어떤 신학자가 이러한 주장을 했을까? 어디에 이 근거가 기록되어 있을까?"를 찾고 또 찾았다. 그러다 도르트 신조에 이러한 표현이 있음을 발견했다. 도르트 신조의 두 번째 교리 "그리스도의 죽으심과 인간의 구속" 8항 중 "하나님의 뜻과 목적"에 다음과 같이 기록되어 있다.

> 그리스도의 죽으심은 하나님 아들의 보배로운 죽으심으로 인하여 모든 택함 받은 자들이 생명을 얻어 구원받도록 하는 하나님의 가장 은혜로운 뜻과 목적으로 된 것이다. 하나님이 택함 받은 자들에게 믿음으로 의롭다 하는 이 선물을 주신 것은 그들에게 완전한 구원을 이루어주시기 위한 것이다. 즉, 그리스도께서 십자가상에서 피 흘리심으로 새 언약을 확증하셔서 모든 사람과 족속과 민족, 즉 영원 전부터 구원에 이르도록 아버지가 아들에게 주신 모든 사람을 구원토록 한 것은 하나님의 뜻에 있었다. 오직 하나님의 뜻으로 말미암아 그리스도는 사람들에게 성령의 구원의 능력과 함께 모든 것을 주시되 십자가에서 죽으심으로 그들을 속량해주셨다. 따라서 믿기 전과 후에 지은 모든 죄악은 그것이 원죄이든 실제적인 죄이든 간에 깨끗케 해주시며, 세상 끝 날까지 점이나 흠 없이 신실하게 보존해주셔서 하나님 앞에 영원토록 그 영광을 즐거워하게 하시는 것이다.[1]

도르트 신조는 칼빈이 기독교 강요에서 다룬 5대 교리를 다룬 것이라는 주장이 많다. 이에 반하는 주장은 도르트 신조가 알미니우스주의의 주장에 대항한 교리로 작성된 것이라고 본다. 역사적으로 보면 후자의 주장이 옳다. 도르트 신조는 1618-1619년에 걸쳐 작성된 교리다. 칼빈의 기독교 강요 완성 후 약 80년이 지나 작성된 교리다. 도르트 신조는 "예수 믿는 순간 원죄든 자범죄든 모든 죄를 사함 받는다"고 주장했다. 칼빈의 기독교 강요(1536년)와 웨스트민스터 신앙고백서(1643-1647년)에서 가르치지 않는 교리다.

칼빈의 주장

칼빈은 "예수를 그리스도로 믿는 순간 믿기 전후에 지은 모든 죄악, 곧 원죄와 자범죄가 모두 깨끗케 되었다"고 가르친 적도, 그와 비슷한 주장도 한 적이 없다. 오히려 이렇게 주장했다.

"…그리스도인은 일평생 계속해서 회개해야 한다."[2]

---

[1] 8: The Saving Effectiveness of Christ's Death
For it was the entirely free plan and very gracious will and intention of God the Father that the enlivening and saving effectiveness of his Son's costly death should work itself out in all the elect, in order that God might grant justifying faith to them only and thereby lead them without fail to salvation. In other words, it was God's will that Christ through the blood of the cross (by which he confirmed the new covenant) should effectively redeem from every people, tribe, nation, and language all those and only those who were chosen from eternity to salvation and given to him by the Father; that Christ should grant them faith (which, like the Holy Spirit's other saving gifts, he acquired for them by his death). It was also God's will that Christ should cleanse them by his blood from all their sins, both original and actual, whether committed before or after their coming to faith; that he should faithfully preserve them to the very end; and that he should finally present them to himself, a glorious people, without spot or wrinkle.

[2] 기독교 강요, 제3권 제3장 2절
Obviously, that giddy spirit brings forth such fruits that it limits to a paltry few days a repentance that for the Christian man ought to extend throughout his life.

"회개의 유일한 목적은 아담의 범죄로 말미암아 일그러지고 거의 도말된 하나님의 형상을 회복하는 것이다…그리고 실로 이러한 회복은 한순간이나 하루나 한 해에 이루어지는 것이 아니다. 하나님은 지속적으로, 때로는 서서히 선택받은 사람들 속에서 육의 부패를 씻어버리시고, 그들의 죄를 깨끗케 하시며, 그들을 거룩한 성전으로서 자기에게 성별되게 하신다. 그리고 그들의 온 마음을 새롭게 하여 참된 순결에 이르게 하셔서 그들이 평생 줄곧 회개를 실천하며, 이 싸움은 죽음이 와야만 끝날 것임을 알게 하신다."[3]

칼빈은 성도가 된 후에도 일평생 회개해야 한다고 주장했다. 또한 회개의 유일한 목적은 하나님의 형상을 회복하는 것인데, 그것은 한순간, 하루, 한 해에 이루어지지 않고 평생 동안 계속해서 회개해야 하고, 그 싸움은 죽음이 와야만 끝난다고 주장했다. 이러한 가르침 속에서 "예수 믿는 순간 원죄든 자범죄든 모든 죄를 사함 받는다"는 교리가 나올 수 있겠는가?

웨스트민스터 신앙고백서의 주장

웨스트민스터 신앙고백서도 제8장 "중보자 그리스도" 8절, 제15장 "생명에 이르는 회개" 3절과 4절에서 다음과 같이 주장했다.

---

[3] 기독교 강요, 제3권 제3항 9절
"Therefore, in a word, I interpret repentance as regeneration, whose sole end is to restore in us the image of God that have been disfigured and all but obliterated through Adam's transgression…And indeed, this restoration does not take place in one moment or one day or one year; but through continual and sometimes even slow advances God wipes out in his elect the corruptions of the flesh, cleanses them of guilt,…that they may practice repentance throughout their lives and know that this warfare will end only at death.

"그리스도는 그 값을 치르시고 속량하신 사람들에게 그 속량의 은혜를 확실히 또는 효과적으로 베푸시며 전달하신다."

"회개 없이는 어느 누구도 사죄를 기대할 수 없을 만큼 회개는 모든 죄인에게 절대적으로 필요하다."

"사람은 대략 회개하는 것으로 만족해서는 안 된다. 그는 마땅히 자기의 죄악을 낱낱이 주의 깊게 회개해야 할 의무가 있다."

웨스트민스터 신앙고백서는 총 33장으로 구성되는데 어느 장, 어느 절에서도 "예수를 믿으면 원죄와 자범죄 모두 사함 받는다"고 언급되어 있지 않다.

도르트 신조는 칼빈의 기독교 강요와 웨스트민스터 신앙고백서에는 전혀 없는 "모든 원죄와 자범죄는 믿는 순간 사함 받는다"는 교리를 주장했다. 왜 그랬을까?

도르트 신조가 "모든 원죄와 자범죄를 사함 받는다"고 주장한 이유

도르트 신조 두 번째 교리 "그리스도의 죽으심과 인간의 구속"은 알미니우스주의자들이 주장한 다섯 가지 항의 각서 중 두 번째 항인 "보편 속죄"를 거부하며 작성된 것이다. 알미니우스주의자가 주장한 보편적 속죄는 다음과 같다.

그리스도는 세상의 구주시다. 그는 세상 모든 사람 하나하나를 위하여 죽으셨다. 그의 은혜도 세상 모든 사람에게 역사한다. 그리스도의 구속적 희생은 그것 자체가 그리고 그것을 통해서 온 세상을 구속하기에 충분한 것이다. 성부께서는 모든 사람을 위하여 그리스도를 희생시키셨다. 그러나 그리스도의 희생이 아닌 고유한 효험이 모든 사람에게 실제적으로 필히 나타나는 것은 아니다. 하나님의 은혜는 거부당할 수도 있다. 그러므로 믿음으로 그 은혜를 받아들인 자들만이 실제적으로 구원을 받는다. 버림받은 자는 자신의 죄 때문에 버림을 받는다(요 3:16; 요일 2:2).

도르트 신조의 두 번째 교리는 이것을 반박하기 위해 작성되었다. 알미니우스주의자들의 보편 속죄론에 대항하여 제한 속죄론을 주장한 것이 도르트 신조다. 알미니우스주의자들은 "그리스도를 세상의 구주라고 정의했고, 그리스도의 구속적 희생은 온 세상을 구속하기에 충족한 것이다"라고 주장했다. 도르트 신조는 이에 반박하며 "택함받은 자를 강조했고, 그들만이 부르심을 받고 성령의 능력으로 예수를 그리스도로 믿는다"고 주장했다. 여기까지는 성격적이고 개혁주의 신앙을 잇고 있다. 그러나 "아담의 원죄와 자범죄까지 모두 사함 받았다"는 주장은 무엇을 반박하기 위한 교리가 아니다. 아마도 제한 속죄를 주장하던 중 예정되고 선택받은 자의 모든 죄는 사함 받는다는 것을 강조하기 위해 우발적으로 첨가된 표현으로 보인다.

성경의 근거

개혁주의의 산실인 칼빈의 기독교 강요가 기록된 지 약 100년 후 5년

여에 걸쳐 수백 번 회의를 거쳐 작성된 웨스트민스터 신앙고백서에는 "예수 믿는 순간 원죄와 자범죄 모두 사함 받았다"는 견해가 전혀 언급되어 있지 않다. 연대적으로 보면 칼빈의 기독교 강요(1536), 도르트 신조(1618-1619), 웨스터민스터 신앙고백서(1643-1647) 순이다. 이 순서로 본다면 웨스트민스터 신앙고백서는 도르트 신조의 정신을 계승해 '모든 죄가 사함 받는다는 견해'를 더 강하게 주장했어야 할 텐데 오히려 삭제되었다. 자세한 정황은 알 길이 없지만 한 가지 분명한 사실은 성경이 "예수 믿는 순간 모든 원죄와 자범죄가 사함 받는다"고 말하고 있지 않기 때문에 삭제되었을 가능성이 크다. 처음 작성된 웨스트민스터 신앙고백서에는 성경의 근거가 제시되어 있지 않았다. 그것을 받아 든 왕은 신앙고백서에서 주장한 모두 교리에 대해 성경적 근거를 달아 다시 제출할 것을 명령했다. 웨스트민스터 의회는 이 과정에서 "예수를 믿는 순간 원죄와 자범죄가 모두 사함 받는다"는 주장을 삭제한 것이다.

도르트 신조의 두 번째 교리 "그리스도의 죽으심과 인간의 구속", 8항 "하나님의 뜻과 목적"에 기록된 내용을 뒷받침하는 성경적 근거로 도르트 신조는 다음 네 구절을 들었다.

"내가 그들을 위하여 비옵나니 내가 비옵는 것은 세상을 위함이 아니요 내게 주신 자들을 위함이니이다 그들은 아버지의 것이로소이다"(요 17:9).

"그러나 이제 그는 더 아름다운 직분을 얻으셨으니 그는 더 좋은 약속으로 세우신 더 좋은 언약의 중보자시라"(히 8:6).

"그가 빛 가운데 계신 것 같이 우리도 빛 가운데 행하면 우리가 서로 사귐이 있고 그 아들 예수의 피가 우리를 모든 죄에서 깨끗하게 하실 것이요"(요일 1:7).

"내가 그들에게 영생을 주노니 영원히 멸망하지 아니할 것이요 또 그들을 내 손에서 빼앗을 자가 없느니라"(요 10:28).

도르트 신조는 위의 구절 중 세 번째 구절인 요한일서 1장 7절을 근거로 "아담이 지은 원죄와 예수 믿기 이전까지 지은 모든 죄가 용서받는다"고 주장한 것으로 보인다. 그러나 "깨끗하게 하실 것이요"(καθαρίζω, 카다리조)는 동사 직설법 현재 능동형이다. 완료형이 아니다. 이 구절은 "예수를 믿는 순간 원죄와 자범죄를 모두 사함 받는다"고 주장하지 않는다. 이 구절의 앞뒤 문맥을 무시하고 한 구절에만 몰두해서 해석하더라도 "예수 그리스도의 피가 우리를 아담의 원죄에서 깨끗하게 한다. 예수 그리스도의 피가 내가 지은 자범죄를 깨끗하게 한다"고 주장해야지, "모든 원죄와 자범죄가 사함 받는다"고 주장할 수 없다. 더구나 오늘날 교회가 이해하고 있는 "믿는 순간 모든 죄가 자동적으로 사해진다"는 의미는 전혀 포함되어 있지 않다.

이 구절에 뒤이어 나오는 1장 9절을 보면 "죄를 자백하면"(동사 가정법 현재 능동), "우리 죄를 사하시며"(동사 가정법 과거 능동), 모든 불의에서 "깨끗하게 하실 것이요"(동사 가정법 과거 능동)라고 기록하고 있다. 이 말씀은 예수 믿으면 당연히 예수의 피로 죄 사함을 받고 불의에서 깨끗하게 된다고 말하고 있지 않다. 조건이 붙어 있다. 구원받은 성도 자신이 아담의 원죄를 "자백하면"(즉, 회개하면) 하나님이 그 죄를 사해주시고 그 불의에서 깨끗하게 해주신다고 약속하고 있다.

사실 도르트 신조가 성경을 완전히 잘못 이해하고 해석했다고 해서는 안 된다. 왜냐하면 도르트 신조는 "사함 받았다"고 가르치지 않았다. 단지 의지를 강조하여 "사함 받는다"(will...should)고 강조한 것뿐이다. 그러나 한 가지 분명한 것은 도르트 신조가 이것을 언급함으로써 "모든 원죄와 자범죄는 사함받았다"는 오해를 불러일으킬 근거를 제공했다.

오늘 한국교회와 성도들이 주장하는 "예수 믿은 순간 아담의 원죄를 사함 받았고, 그 이전까지 지은 모든 자범죄도 사함 받았다"고 주장하는 것이 도르트 신조 때문이라면 이제 그 믿음의 근거를 수정해야 하고, 잘못된 신앙생활을 바로잡아야 한다. 이 때문에 회개의 중요성과 필요성이 버림받았다면 특별히 거짓된 교리를 따른 죄를 회개하고, 회개를 회복해야 한다. 칼빈의 주장을 들어보자.

칼빈은 회개의 유일한 목적을 말하면서 "아담의 범죄로 말미암아 일그러지고 거의 도말된 하나님의 형상을 우리 안에 회복하는 것이다"[4]라고 하였다. 그는 이것이 한순간에 이루어진다고 가르치지 않았다. 칼빈은 예수 믿으면 그 순간 모든 죄가 사함받는다고 말하지 않았다. "실로 이러한 회복은 한순간이나 하루나 한 해에 이루어지는 것이 아니다. 하나님은 지속적으로, 때로는 서서히 선택받은 사람들 속에서 육의 부패를 씻어버리시고, 그들의 죄를 깨끗케 하시며, 그들을 거룩한 성전으로서 자기에게 성별되게 하신다. 평생 동안 회개를 실천해야 하고 이 싸움은 죽음이 와야만 끝난다"[5]고 가르쳤다.

---

[4] 기독교 강요, 제3권 제3항 9절 "Therefore, in a word, I interpret repentance as regeneration, whose sole end is to restore in us the image of God that have been disfigured and all but obliterated through Adam's transgression.

[5] 기독교 강요, 제3권 제3항 9절 "And indeed, this restoration does not take place in one moment or one day or one year; but through continual and sometimes even slow advances God wipes out in his elect the corruptions of the flesh, cleanses them of guilt,...that they may practice repentance throughout their lives and know that this warfare will end only at death.

예수를 믿는 순간 원죄와 자범죄, 그 이전에 지은 모든 죄가 사함 받는다면, 혹은 사함 받았다면 우리에게는 회개할 이유가 없다. 성경이 그렇게 말하고 있다면 온전히 믿어야 한다. 문제는 성경이 전혀 그렇게 말하고 있지 않고, 개혁주의 신학의 중심인물인 칼빈도 그렇게 가르치지 않는다는 것이다. 그러므로 성도는 예수를 믿은 후에도 평생 동안 회개해야 한다. 깨닫게 되는 죄를 회개하고, 그것을 용서받고, 그 행동에서 돌이켜야 한다. 아담의 원죄도 그렇게 해야 하고, 예수 믿기 이전에 지은 자범죄도 그렇게 해야 한다. 하나님은 자신의 전적인 은혜로 칭의 된 성도의 모든 죄가 용서받는 길을 제시해주셨다.

"만일 우리가 우리 죄를 자백하면…우리 죄를 사하시며…모든 불의에서 깨끗하게 하실 것이요"(요일 1:9).

이 진리가 우리를 각성케 해 회개하는 삶이 회복되기를 기도한다.

5장

회개하지 않아도 되는 세 번째 이유

'예수 믿으면 무조건 천국 간다'

한국교회와 성도들의 신앙이 제자리걸음을 하고, 옛 사람의 인격과 성품, 삶이 변화되지 않고 성숙하지 않는 이유는 무엇 때문일까? 앞의 두 장에서 '칭의'만을 강조한 가르침과 "예수 믿는 순간 모든 원죄와 자범죄가 용서받았다"는 잘못된 가르침 때문인 것을 살펴보았다. 그렇다면 또 어떤 교리, 혹은 교리에 대한 어떤 오해가 회개하는 삶을 부인하고, 변화를 거부하며, 성숙을 외면하게 만들었을까?

오늘날 교회와 성도들이 회개하지 않아도 된다고 믿는 세 번째 이유는 '성도의 견인' 교리(Perseverance of the Saints)에 있다. 오늘날 교회는 '성도의 견인' 교리에 대해서 "예수를 그리스도로 믿는 사람은 하나님이 절대로 손을 놓지 않으시고 천국까지 인도하신다"고 가르치고 있다. 예수 믿으면 하나님이 성도를 붙잡고 천국까지 인도하시는 데 굳이 말씀대로 살 필요가 없는 것이다. 말씀대로 살지 못하는 죄를 회개할 필요성도 느낄 수 없는 것이다. 칼빈은 "예수 믿으면 무조건 천국 간다"는 성도의 견인 교리를 주장하지 않았다.

칼빈의 주장

칼빈이 "하나님은 구원받은 사람을 천국까지 견인하신다"고 주장한 교리 때문인가? 오늘날 교회와 성도들은 예수 믿고 구원받았으니 하나님은 당연히 성도를 견인하여 천국까지 인도하실 것이니 현세에서 조금 나태하게 살아도 되고, 말씀과 거리를 두고 살아도 되며, 하나님과 적당한 거리를 두고 세상과 하나님 사이를 오가는 신앙생활을 해도 된다고 생각한다. 이것은 어디까지나 칼빈의 '성도의 견인' 교리를 제대로 이해하지 못한 때문이다. 칼빈의 '성도의 견인' 교리는 '보증'과 함께 이해해야 한다. '보증'이 없는 '성도의 견인'은 불가능하기 때문이다. 그런데 한국교회는 '보증'은 떼서 던져버리고 '성도의 견인'만을 붙들고 종교생활을 하고 있다. 이러한 오해는 시정되어야 한다. 칼빈의 '성도의 견인' 교리가 무슨 의미인지 살펴보기로 하자.

칼빈은 '튜울립(TULIP)'이란 타이틀 글자로 5대 교리를 저술했다.[1] '성도의 견인' 교리는 "하나님이 예정하신 자들을 선택하시고, 선택하신 자들을 부르사 그리스도를 통해 구속함을 받은 자는 영원히 구원받는다"는 진

---

[1] 칼빈의 5대 교리는 Total Depravity(전적 타락), Unconditional Election(무조건적 선택), Limited Atonement(제한 속죄), Irresistible Grace(불가항력적 은혜), Perseverance of the Saints(성도의 견인) 등이다.

리를 주장한 교리다. 여기에서 "예수 믿고 구원받았다", "예수 믿으면 천국 간다"는 말이 나오게 된 것이다. 더 나아가 "한 번 구원은 영원한 구원"이라는 말이 나왔을 것으로 추정된다.[2] 그러나 예수 믿으면 구원받고 천국 가기 때문에 말씀대로 살아야 할 필요성이 약해지고, 더더구나 하고 싶은 마음이 전혀 없는 회개를 해야 할 필요가 없는 것이다.

칼빈의 '성도의 견인' 교리 이해

칼빈의 5대 교리 중 '성도의 견인' 교리는 마지막 다섯 번째 교리다. 간략하게 설명하면 "하나님이 구원하기로 예정하신 사람의 구원은 중도에 취소되지 않고 끝까지 구원에 이르게 된다"는 것이다. 보다 자세히 살펴보자.

견인 교리란 "중생하고, 칭의 받고, 양자된 성도가 결코 구원을 잃어버릴 수 없다"(참고. 벧전 1:5)는 것이다. 성부 하나님이 계획하신 일에 실패란 있을 수 없다. 택함 받은 자들이 그리스도와 온전한 연합을 이루었기 때문에 예수 그리스도가 그들에게 자신의 은혜를 지속적으로 공급해주신다. 그 방편으로 성령이 성도 안에 내주하셔서 그들을 떠나지 않으시고 인도해주신다. 그러므로 성도의 견인은 분명하다. 다만 앞에서 밝혔듯이 하나님이 보증해주시는 성도가 어떤 사람인가가 중요하다.

성도는 '성도의 견인' 교리를 어떤 의미로 이해해야 할까? 오늘날 교회

---

[2] 이 주장은 언제, 누가 한 것인지 전혀 기록이 없다. 어느 순간부터 신학계와 교회에 염병처럼 퍼졌고, 성도들은 너나 할 것 없이 하나님을 갈망함이 없을 때도, 말씀대로 살지 않을 때도, 여전히 죄를 지으면서도 "구원받았는데 뭐"라고 말한다.

와 신자들은 성도의 견인을 기계적인 것으로, 자동적인 것으로 오해하고 있다. 조엘 비키는 이렇게 설명했다.[3]

> "견인은 전 생애적 활동이며 그리스도를 구주로 고백하는 일(롬 10:9), 은혜의 열매를 맺는 일(요 15:16), 그리고 끝까지 인내하고 견디는 일(마 10:22, 히 10:28-29)을 포함한다. 신자들은 성화와 거룩을 위하여 능동적으로 죄와 싸우는 과정을 통해 인내하고 견인될 것이기 때문에(빌 2:12) 하나님은 신자를 '책임 없는 로봇이 아니라 도덕적 존재'로 다루신다."

한국교회는 '성도의 견인' 교리를 하나님이 성도를 구원하신 후 천국까지 무조건 인도하신다는 측면에서 이해하고 있다. 그러나 칼빈이 말하는 '성도의 견인' 교리는 조엘 비키의 설명에서 보듯이 성도의 책임을 강조하고 있는 교리다. 구원받은 성도는 구원받은 은혜의 열매를 맺어야 한다. 구원받은 성도는 끝까지 인내하고 견뎌야 한다. 구원받은 성도는 성화와 거룩을 위하여 능동적으로 죄와 끝까지 싸워야 한다. 히브리서 기자는 죄와 피 흘리기까지 싸우지 않는 성도의 삶을 지적했다. 하나님은 자신이 구원한 성도들이 죄와 싸워 승리하여 신의 성품을 회복하도록 도우신다. 하나님이 그렇게 인도하시는 것이라면 성도에게 당연히 그 삶이 나타나야 한다. 성도의 견인은 하나님이 구원하신 성도를 무조건 천국까지 인도하신다는 교리가 아니다. 온갖 죄를 지어도 천국까지 인도하고, 교회에 출석하지 않아도 천국까지 인도하고, 게을러도 천국까지 인도하고, 사기를 쳐도 천국까지 인도하고, 목회자를 대적해도 천국까지 인도한다는 뜻이 아

---

[3] 조엘 비키(Joel R. Beeke), 심호섭 역, 『칼빈주의』(서울: 지평서원, 2010), pp.213-224.

니다. 오해하지 않기를 바란다.

나는 앞에서 "구원은 전적인 하나님의 선택적 주권에 달렸기 때문에 내가 확신하지 못할 수도 있다" "니고데모가 거듭난 예에서 보듯, 바람이 어디서 부는지 알 수 없는 것처럼 거듭남도 그렇다"고 배웠음을 밝혔다. 구원받았음을 확신하지 못해도 구원받았다는 것을 확신하라는 가르침이었다. 성도가 중생하고 거듭나는 순간을 모를 수는 있다. 그러나 자신이 구원받은 하나님의 자녀임을 확신하지 못하는 것은 정말 구원받은 자녀라면 너무 어려운 문제다. 도르트 신조는 신자들이 구원에 이르는 견인을 확신할 수 있다고 밝혔다.[4]

> "참 신자들은 자기 믿음의 정도에 따라 택한 사람을 구원에 이르게 하는 이 보존과 믿음으로 말미암는 견인에 대해서 스스로 확신을 가질 수도 있고, 또 가지고 있다. 그리하여 그들은 확신을 가지고 항상 교회의 참되고도 살아있는 지체로 남아 있게 되고, 죄의 용서를 체험하게 되며, 마침내 영생에 이를 것을 확신하게 된다."

조엘 비키는 "웨스트민스터 신앙고백서는 성도의 견인 교리(제17장)를 먼저 다루고 나중에 은혜와 구원의 보증(확신, 제18장)을 다루는데, 이러한 순서는 다음의 세 가지를 암시한다"고 설명한다.[5]

첫째, 견인이 보증의 길을 열어준다. 즉, 객관적인 견인은 하나님의 은

---

[4] The Fifth Main Point of Doctrine 9. The Assurance of This Preservation
Concerning this preservation of those chosen to salvation and concerning the perseverance of true believers in faith, believers themselves can and do become assured in accordance with the measure of their faith. By this faith they firmly believe that they are and always will remain true and living members of the church, and that they have the forgiveness of sins and eternal life.
[5] 조엘 비키, 같은 책., pp. 222-224.

혜에 기초해서 신자의 양심에 뿌리박혀 있는 주관적인 확신을 가능하게 만든다.

둘째, 견인이 보증을 강하게 한다. 견인의 필요성을 부인하는 것은 견인의 필요성에 대한 위대한 성경적 가르침을 부인하는 것과 같다(참고. 마 7:13-14; 눅 18:15; 요 8:31-32; 15:6, 롬 6:22; 8:22-23; 고전 15:1-2; 골 1:21-23; 딤후 2:11; 히 2:1, 3; 3:13-14; 12:14).

셋째, 견인이 신자의 소망을 격려한다. 신자들이 인내할 때 그들은 그리스도 안에 있는 승리와 그분과 함께 영광중에 거할 것을 점점 더 굳게 확신하게 된다(참고. 롬 5:1-11).

성경과 개혁주의 신앙서들은 칭의만을 다루지 않았다. 칭의와 성화를 함께 다루었다. 또한 성도의 견인만 다루지 않았다. 성도의 견인과 성도의 책임을 함께 다루었다. 그러나 지금 한국교회는 칭의와 성도의 견인만 있고, 성화와 성도의 책임은 사라진 지 오래다. 성경과 개혁주의 신학은 칭의만으로, 성도의 견인 교리만으로도 구원받았다, 천국 간다고 가르치지 않는다. 성화와 성도의 책임을 회복하지 않으면 구원을 보장할 수 없다고 가르친다. 조일 비키의 가르침처럼 성도의 견인이 보증의 길을 열어주고, 보증을 강하게 만들어준다면 성도들은 죄를 경멸하며 피 흘리기까지 싸워야 하는 것이 당연한 삶이다. 하나님이 성도를 죄와 타협시키고, 죄악 속에 안주하며 살도록 견인하신다면 성경은 진리가 아니다.

성경적인 성도의 견인과 보증 교리를 회복하면 어떤 삶이 나타날까? 도르트 신조는 아래와 같이 설명한다.[6]

> "보증은 하나님의 약속에 대한 믿음과 우리의 영과 더불어 우리가 하나님의 자녀요, 상속자임을 증거하시는 성령의 증거를 통하여 생겨날 뿐만 아니라 선

한 양심을 가지고 선을 행하려는 진지하고도 거룩한 소원으로부터 생겨난다."

칭의와 성도의 견인을 확신하는 성도는 성령의 증거를 통하여 하나님의 자녀요, 상속자임을 알게 된다. 또한 선한 양심을 가지고 선을 행하려는 거룩한 소원이 생겨난다. 당연한 가르침이다. 이것을 행하지 못할 때 하나님 앞에서 자신의 나약함을 탄식하게 되고 회개의 자리로 나아가는 것은 당연하다. 그렇지 않고서 무조건 구원받았고, 무조건 천국 간다고 주장하는 것은 성경도, 개혁주의 신학도 잘못 이해한 무지에서 비롯된 것이다.

'성도의 견인' 교리에 대한 개혁주의 신학자들의 이해

칼빈은 성도의 견인을 독립시켜 이해하지 않았다. '보증'과 함께 이해했다. 즉, 성도의 견인에는 반드시 성도의 책임이 따른다고 했다. 후자를 빼면 전자도 성립하지 않는다. 개혁주의 신학자들은 성도의 견인 교리를 어떻게 이해했을까?

존 오웬(John Owen): 선택받은 성도가 아닌 자들이 많다[7]

---

[6] The Fifth Main Point of Doctrine 10. The Ground of This Assurance
Accordingly, this assurance does not derive from some private revelation beyond or outside the Word, but from faith in the promises of God which are very plentifully revealed in the Word for our comfort, from the testimony of "the Holy Spirit testifying with our spirit that we are God's children and heirs" (Rom. 8:16-17), and finally from a serious and holy pursuit of a clear conscience and of good works. If God's chosen ones in this world did not have this well-founded comfort that the victory will be theirs and this reliable guarantee of eternal glory, they would be of all people most miserable.
[7] John Owen, An Exposition of the Epistle to the Hebrews, (London : Printed for T. Tegg, 1991) vol 5, pp. 70-91.

성경은 사울과 아히도벨과 가룟 유다와 휴메내오와 알렉산더처럼 한때 주님을 따르는 것처럼 보였던 사람들이 실족하는 모습을 기록하고 있다(딤전 1:19-20). 이들 가운데 단 한 사람도 참된 하나님의 자녀가 없었던 것으로 보인다(요일 2:19). 그들에게 하나님의 일반은총에 대한 다양한 강도의 확신이나 느낌이 있었을 수도 있지만, 구원적 믿음은 결핍되어 있었다. 그들은 결코 선택받은 성도들이 아니었다.[8] 이에 대해 존 오웬은 심지어 삼단 논법으로 증명했다.

첫째, 선택받은 사람은 절대로 떨어져 나갈 수 없다(요 10:27-29).

둘째, 어떤 신앙고백자들은 떨어져 나간다.

셋째, 그러므로 그러한 고백자들은 선택받은 사람들이 아니다.

예수를 그리스도로 믿는 것처럼 보이지만 결국 믿지 않는 자로 드러나는 사람들이 많다. 심지어 떨어져 나가는 자들도 많이 있다. 예수님의 재림이 가까우면 가까울수록 알곡과 쭉정이는 드러나게 된다(마 13:36-43). 예수님은 종말이 가까워지면 믿음 있는 자를 찾아보기 어렵다고 말씀하셨다(눅 18:8). 오웬은 "선택받아 견인 받는 성도는 어떤 고난과 핍박에도 불구하고 끝까지 견디며 죄와 싸워 승리한다"고 주장한다.

오늘날 교회가 말하는 성도들 가운데 과연 알곡은 얼마나 될까? 알곡은 반드시 성장 과정을 거친다. 성장 과정을 거치지 않는 알곡은 없다. 오늘날 교회는 시간만 보내고 있지 성장 과정을 거치지 않는다. 싹이 나는 단계인 칭의만 있고, 성장 과정에 해당하는 성화가 없다. 싹이 난 후에도 성도의 견인만 있고, 성장 과정인 성도의 책임은 없다. 이런 성도는 알곡이

---

8 이 주장은 존 오웬뿐만 아니라 히브리서 6장 4-6절에 대한 전통적이고도 일반적인 해석이다. 이러한 견해는 헨리 크나프(Henry Knapp), 존 드 위트(John R. De Witt), 더글라스 켈리(Douglass Kelly) 등도 동일하게 주장한다.

아니라 가라지다. 주님이 말씀하시는 알곡에 해당한다면 하나님은 반드시 그들을 견인하신다. 주님이 말씀하시는 알곡이 아니라면 하나님이 그들을 견인하실 이유가 없다.

모리스 로버트(Maurice Roberts): 견인의 열매가 없으면 보증도 없다[9]

오늘날 성도들은 성도의 견인 교리에 편승해서 계속 죄 가운데 머물러 있다. 성경은 그래서는 안 된다고 분명하게 밝히고 있다. 성도는 항상 거룩함을 추구해야 한다. 왜냐하면 거룩함이 없이는 어느 누구도 주를 볼 수 없기 때문이다(히 12:14). 그런데 오늘날 성도라고 하는 사람들은 계속 죄 가운데 거하면서도 입심 좋게 '한번 구원은 영원한 구원'이라고 지절거린다. 그러나 견인의 열매들을 나타내지 않는다면 성도의 견인에 따르는 보증은 없다. 바울이 주장하는 바와 같이 우리는 믿음이 파선되는 위험을 조심해야 한다(고전 9:26-27; 10:12).

모리스 박사는 "예수 믿으면 죄사함 받는다"고 믿으면서 거룩함을 추구하지 않고 여전히 죄 가운데 있는 자들을 통렬하게 비판했다. 그들이 말하는 한번 구원은 영원한 구원이 아닌 것이다. '한번 구원이 영원한 구원'이 되려면 하나님이 견인하시는 것에 대한 분명한 열매가 맺혀야 한다고 주장했다. 오늘날 교회에 다니는 사람들 가운데 하나님이 성도를 견인하시는 것에 상응하는 열매를 맺어 하나님이 보증하시는 것을 입증할 자들이 얼마나 될지 자못 궁금하다.

존 대그(John Dagg): 견인은 마음대로 살아도 된다는 뜻이 아니다[10]

---

[9] 조엘 비키, 같은 책., pp. 225-226.

존 대그는 침례교 신학자다. 그는 성도의 견인 교리를 곡해하는 사람들에 대해 이렇게 말했다.

"인간이 한번 회심했기 때문에 그들의 삶의 과정이 어떠하든지 무조건 구원받을 것이라고 결론 내리는 것은 지독하게 비열하고도 치명적인 왜곡이 아닐 수 없다."

존 머리(John Murray): 죄와 불신앙이 따르는 구원은 그릇된 것이다[11]

존 머리 박사는 "신자가 구원 이후에 행하는 죄와 불신앙에 관계없이 구원을 보장받는다고 말하는 것은 그릇된 것이다"라고 말했다.

성도는 선천적으로 멸망당하지 않도록 태어난 것이 아니다. 성도 안에서 역사를 시작하신 하나님이 그 구속을 끝마치실 때까지 성도를 보존하기 위해서 그의 영을 공급해주시는 것이다(빌 1:6). 하나님의 영을 공급받은 사람들이 죄에 머물러 있을 수 있는가? 그럴 수 있다면 성경은 진리가 아니다. 성경이 진리라면 구원 이후에 죄와 불신앙이 용납된다고 생각하는 발상은 아주 잘못된 것이다.

찰스 스펄전(Charles. H. Spurgeon): 죄는 큰 영향력을 끼친다[12]

찰스 스펄전은 "하나님이 자신의 백성을 지키실 것이라는 사실은 영광스러운 진리다. 그러나 죄가 그들에게 아무런 해도 끼치지 못할 것이라는 생각은 언어도단이다"라고 말했다. 성도가 된 후에도 계속 죄를 짓고 회개하

---

10 조엘 비키, 같은 책, p. 226에서 재인용.
11 조엘 비키, 같은 책, p. 229에서 재인용.
12 조엘 비키, 같은 책, p. 229에서 재인용.

지 않으면 하나님은 자신의 백성처럼 보이는 가짜와 관계를 끊으신다.

오늘날 교회 안에는 광야 40년을 방황하며 하나님의 심판의 대상이 되어 죽어간 사람들처럼 하나님의 자녀도 아니면서 자녀인 것처럼 행세하는 쭉정이들이 많다. 그 쭉정이들은 계속 죄의 영향을 받아서 시간이 가면 갈수록 마귀에게 종노릇하는 모습이 확연히 드러나게 될 것이다.

안소니 버기스(Anthony Burgess): 죄는 영혼을 어둡게 만든다[13]

웨스트민스터 종교회의에 직접 참여한 신학자인 안소니 버기스는 "둔감하고 게으르며 태만한 생활보다 당신의 영혼을 더 어둡게 만드는 것은 없다"고 말했다.

토마스 슈라이너(Thomas Schreiner): 경주를 계속할 때 비로소 강해진다[14]

토마스 슈라이너는 성도의 견인에 대해 다음과 같이 말했다.

> "주님으로부터 멀리 도망치려 하면서 보증과 확신을 추구하는 사람들은 경주의 중간 지점에서 달리기를 그만두면서도 심판에게 그들이 상을 받을 수 있는지를 묻는 사람과 같다. 우리 믿음의 보증은 우리가 상을 받기 위해 끝까지 인내하면서 경주를 계속할 때 비로소 강해지는 것이다."

개혁주의 신학자들은 한결같이 성도의 견인 교리를 "예수 믿으면 구원받는다. 그리고 자동으로 천국 간다"고 말하지 않았다. 죄의 영향력을 경고하고 있고, 게으른 신앙생활에 경각심을 주고 있다. 동시에 구원받은 성

---

[13] 조엘 비키, 같은 책, p. 229에서 재인용.
[14] 조엘 비키, 같은 책, p. 230에서 재인용.

도들에게 그리스도가 베푸시는 그리스도의 영의 지속적인 공급을 강력하게 주장한다. 성령의 지속적인 은혜를 받는 자가 어떻게 성령의 인도와 뜻을 거부할 수 있겠는가? 구원받은 성도는 당연히 거룩함을 추구하고 그렇게 신앙생활을 한다. 구원받은 성도는 하나님과 말씀 앞에서 자신의 죄를 끊임없이 회개하고, 죄 사함을 갈망하며, 불의에서 깨끗하게 되기를 갈망한다.

개혁주의 신학자들이 이해한 성도의 견인 교리 또한 칼빈과 동일한 견해를 보여주고 있다. 그렇다면 성도의 견인 교리에 해당하는 대상이 중요해졌다. 하나님이 구원을 보장해주신 대상인 성도는 어떤 사람일까?

'성도의 견인'에 합당한 성도

"구원은 취소될 수 있는 것인가? 없는 것인가?"를 살펴보는 것도 중요하겠지만, 칼빈이 말하는 성도의 견인에 해당하는 사람이 어떤 사람인가를 살펴보는 것이 더 중요하다. 칼빈이 주장한 성도의 견인 교리에 합당한 사람인지 아닌지를 따진 후 그 교리를 적용해도 늦지 않다. 그러나 한국교회는 이를 구분하지 않은 채 무부분별하게 성도의 견인 교리를 남용하고 있다고 해도 과언이 아니다. 교회 안에 있는 모든 사람을 성도라고 보고, 그 모든 사람에게 동일하게 성도의 견인을 적용하고 있다. 칼빈은 어떤 사람을 성도의 견인 교리의 대상으로 삼았는가? 이를 파악하기 전에 성경이 말하는 성도는 어떤 사람인가를 알아보기 위해 몇 가지 질문을 던지고 답해보겠다.

교회에 다니는 성도는 구원받는다?

이 문제에 대해서는 누구도 이의가 없을 것이다. 교회를 다니는 사람이라고 해서 모두가 구원이 예정된 사람이라고 할 수는 없기 때문이다. 예수님도 교회 안에는 알곡과 가라지가 있다고 분명히 말씀하셨다(마 13:24-30). 심지어 종말의 때가 되면 "…사람이 실족하게 되어 서로 잡아 주고 서로 미워하겠으며"(마 24:10)라고 말씀하셨다. 그러므로 교회를 다닌다고 모두 구원받는 것은 아니다. 교회에 다닌다고 해서 '성도의 견인'을 받을 수 있는 보증이 되는 성도에 해당하지 않는다.

모든 그리스도인은 구원받는다?

그리스도인이라고 부르는 이 개념도 사실 막연한 것이다. 왜냐하면 교회 안에 있지만 거듭나지 않은 사람을 그리스도인이라고 불러야 하는지 그 범위가 애매모호하기 때문이다. 중생하지 못한 그리스도인은 구원받을 수 없다. 하나님에 의해 중생한 그리스도인이라면 그는 마땅히 구원받는다. 어느 목사가 『그리스도인도 지옥에 갈 수 있다』는 책을 썼다. 누구를 그리스도인이라고 하느냐에 따라 용납될 수 있는 말이다. 이어 『진짜 구원을 받은 사람도 진짜 버림을 받을 수 있다』는 책도 썼다. 진짜 그리스도인이 진짜 버림을 받을 수 있는가? 그것은 불가능한 이야기다. 헬라어 성경은 '믿는다, 시인한다'를 두 가지 시제로 말한다. 하나는 '동사 직설법 현재 능동형' 시제이고(롬 10:9), 다른 하나는 '동사 직설법 현재 수동형' 시제이다(롬 10:10). 전자는 믿고 시인하는 것의 주체가 사람이다. 그러나 후자는 하나님이 주체시다. 하나님에 의해 믿어졌고, 하나님에 의해 시인된 사람은 구원받는다고 말한다. 이런 하나님의 자녀는 구원에서 떨어질 수 없다. 하나님에 의해 예수가 그리스도로 믿어졌고, 하나님에 의해 예수가 죽은 자 가운데서 부활하신 사실이 시인된 성도는 반드시 구원받는다. 왜 그럴까? 그렇게 역사하신 하나님은 계속 성령으로 그를 도우실 것이기 때문이다. 죄를 지으면 깨닫게 하시고, 회개시키시며, 그 죄악에서 돌이키도록 도우신다. 이러한 신앙생활을 지속하는데 어떻게 구원에서 떨어질 수 있겠는가? 그러나 믿고 시인하는 주체가 사람 자신인 경우 그를 그리스도인이라고 생각해서는 안 된다. 어디까지나 구원에 참여하기 위한 과정을 시도한 사람일 뿐이다. 그는 그 시도를 언제든지 포기할 수 있다. 그는 '성도의 견인'이 보장된 성도가 아니다.

성령으로 인쳐진 사람

예수를 진심으로 믿는 사람은 거듭난 사람이다. 즉, 하나님에 의해 예수를 그리스도로 믿고, 예수를 주로 시인한 사람은 거듭난 사람이다. 하나님은 이러한 성도를 위해 성령으로 인을 쳐주신다.

> "그가 또한 우리에게 인치시고 보증으로 우리 마음에 성령을 주셨느니라"(고후 1:22).[15]

"인쳤다"[16]는 의미는 과거 어느 시점에서 인을 친 행위가 일어났고, 그 행위는 지금도 지속되고 있기 때문에 이것은 취소될 수 없다. 보증으로 성령을 "주셨다"[17]는 의미도 과거 어느 시점에 성령을 주셨고, 지금도 계속해서

---

[15] ὁ καὶ σφραγισάμενος ἡμᾶς καὶ δοὺς τὸν ἀρραβῶνα τοῦ πνεύματος ἐν ταῖς καρδίαις ἡμῶν. '인치시고'(σφραγισάμενος, 스프라기사메노스)는 '동분사 과거 중간태'다. '주셨느니라'(δοὺς, 두스)는 '동분사 과거 능동형'이다.
[16] "인쳤다"(σφραγισάμενος, 사프라기사메노스)는 '동분사 과거 중간태'다. 하나님에 의해 과거에 인쳐진 행위가 단회적이지 않고 지금도 계속되고 있다는 의미다.

성령을 주고 계신 것을 의미한다. 하나님에 의해 예수를 그리스도와 주로 믿고 시인한 사람으로서 하나님이 인을 치셨고, 보증으로 성령을 주셨으며, 지금도 계속 주고 계신 사람은 결코 하나님의 구원에서 떨어질 수 없다.

칼빈의 '성도의 견인' 교리에 해당하는 사람들은 이런 사람들을 말한다. 교회에 다니는 모든 사람을 말하는 것이 아니다. 그렇다면 개혁주의 신조들도 칼빈과 동일한 견해를 갖는가?

개혁주의 신조들의 성도에 대한 정의

성경은 '성도의 견인'에 합당한 성도는 "하나님에 의해 예수 그리스도를 믿고 시인하는 사람, 즉 성령에 의해 거듭나고 성령에 의해 인침 받고 성령의 인도를 따르는 사람"이다. 개혁주의 신조들은 '성도'를 어떻게 정의하는지 살펴보자.

도르트 신조가 정의한 성도[18]

하나님이 자신의 목적에 따라 우리 주 예수 그리스도인 자신의 아들과

---

[17] "주셨다"(δοὺς, 두스)는 '동분사 과거 능동'이다. 하나님이 자녀에게 성령으로 인을 치신 후 성령을 주셨는데 그 상태가 지속되고 있다는 뜻이다.

[18] The Third and Fourth Main Points of Doctrine
11. The Holy Spirit's Work in Conversion
Moreover, when God carries out this good pleasure in the elect, or works true conversion in them, God not only sees to it that the gospel is proclaimed to them outwardly, and enlightens their minds powerfully by the Holy Spirit so that they may rightly understand and discern the things of the Spirit of God, but, by the effective operation of the same regenerating Spirit, God also penetrates into the inmost being, opens the closed heart, softens the hard heart, and circumcises the heart that is uncircumcised. God infuses new qualities into the will, making the dead will alive, the evil one good, the unwilling one willing, and the stubborn one compliant. God activates and strengthens the will so that, like a good tree, it may be enabled to produce the fruits of good deeds.

의 교통으로 부르시고 성령이 거듭나게 하신 사람들이다.

웨스트민스터 신앙고백서가 정의한 성도[19]

하나님이 그의 사랑으로 받아들이시고, 성령이 효과적으로 부르시며, 거룩하게 하신 사람들이다.

성경, 웨스트민스터 신앙고백서 그리고 도르트 신조가 각기 성도에 대해 내린 정의는 모두 동일한 맥락을 견지하고 있다. 세례를 받거나, 그리스도를 믿기로 결정한 사람이거나, 영접기도를 드린 사람을 성도라고 정의하지 않는다. 성도는 "택함 받고, 성령에 의해 부름 받고, 성령에 의해 거듭나 성령에 의해 거룩한 삶을 사는 사람들"이다. 칼빈의 '성도의 견인'에 해당하는 대상은 바로 이런 사람들이다. 하나님이 이러한 성도를 견인하시는 것은 너무나 당연하다. 성경은 곳곳에서 '성도'의 합당한 생활을 말해주고 있다. 성경이 말하는 성도는 어떻게 살아가는 사람들일까?

성도의 견인을 받는 사람의 실제 신앙생활 모습

성도의 견인을 받는 성도는 아래와 같은 삶을 살지 않는다. 성도의 삶을 떠나 죄를 지었을 때는 바울처럼 회개하며 돌이키는 사람이다(롬 7:21-25).

---

[19] CHAPTER 17 Of the Perseverance of the Saints
1. They, whom God hath accepted in his Beloved, effectually called, and sanctified by his Spirit, can neither totally nor finally fall away from the state of grace, but shall certainly persevere therein to the end, and be eternally saved.

"육체의 일은 분명하니 곧 음행과 더러운 것과 호색과 우상 숭배와 주술과 원수 맺는 것과 분쟁과 시기와 분냄과 당 짓는 것과 분열함과 이단과 투기와 술 취함과 방탕함과 또 그와 같은 것들이라 전에 너희에게 경계한 것 같이 경계하노니 이런 일을 하는 자들은 하나님의 나라를 유업으로 받지 못할 것이요"(갈 5:19-21).

"너희는 불의를 행하고 속이는구나 그는 너희 형제로다 불의한 자가 하나님의 나라를 유업으로 받지 못할 줄을 알지 못하느냐 미혹을 받지 말라 음행하는 자나 우상 숭배하는 자나 간음하는 자나 탐색하는 자나 남색하는 자나 도적이나 탐욕을 부리는 자나 술 취하는 자나 모욕하는 자나 속여 빼앗는 자들은 하나님의 나라를 유업으로 받지 못하리라"(고전 6:8-10).

"형제들아 내가 이것을 말하노니 혈과 육은 하나님 나라를 이어 받을 수 없고 또한 썩는 것은 썩지 아니하는 것을 유업으로 받지 못하느니라"(고전 15:50).

"음행과 온갖 더러운 것과 탐욕은 너희 중에서 그 이름조차도 부르지 말라 이는 성도에게 마땅한 바니라 누추함과 어리석은 말이나 희롱의 말이 마땅치 아니하니 오히려 감사하는 말을 하라 너희도 정녕 이것을 알거니와 음행하는 자나 더러운 자나 탐하는 자 곧 우상 숭배자는 다 그리스도와 하나님의 나라에서 기업을 얻지 못하리니"(엡 5:3-5).

"이기는 자는 이것들을 상속으로 받으리라 나는 그의 하나님이 되고 그는 내 아들이 되리라 그러나 두려워하는 자들과 믿지 아니하는 자들과 흉악한 자들과 살인자들과 음행하는 자들과 점술가들과 우상 숭배자들과 거짓말하는 모든 자들은 불과 유황으로 타는 못에 던져지리니 이것이 둘째 사망이라"(계 21:7-8).

"개들과 점술가들과 음행하는 자들과 살인자들과 우상 숭배자들과 및 거짓말을 좋아하며 지어내는 자는 다 성 밖에 있으리라"(계 22:15).

성도의 견인 교리에 해당하는 성도는 육체의 소욕을 따라 살지 않는 사람이다. 성령의 소욕을 따라 산다. 그들은 성령의 생각을 하고(롬 8:5-6), 영으로 육체의 행실을 죽이며(롬 8:13), 성령의 인도를 받아 살고(롬 8:14), 양자의 영을 받아 하나님을 아빠, 아버지라 부르며(롬 8:15), 성령이 친히 그의 영으로 더불어 하나님의 자녀임을 증언해주시는(롬 8:16) 삶을 사는 사람이다. 하나님이 이러한 성도를 견인하시는 것은 당연하다. 칼빈이 말하는 성도의 견인은 이러한 성도가 대상이고, 예수를 그리스도로 믿는 성도를 견인한다는 것이다. 그렇다면 성경과 칼빈 그리고 개혁주의 신학에서 말하는 성도와 오늘날 교회에서 말하는 성도의 정의는 동일한가? 앞에서 간략하게 살펴본 바 있으나, 성경을 증거로 보다 자세히 살펴보기로 하자.

6장   성경과 개혁주의 신조들이
　　　　정의하는 성도

"예수 믿으면 구원받고, 모든 죄를 사함 받는 은혜를 누리며, 하나님의 형상과 그리스도의 형상 그리고 신의 성품에 참여하는 자가 되어 천국에 간다"는 말씀은 진리여야 한다. 나는 이 주장에 어떤 의의도 없다. 문제는 오늘날 교회와 그리스도인들에게서 하나님의 형상과 그리스도의 형상 그리고 신의 성품에 참여하는 모습을 찾아볼 수 없다는 것이다. 교회에 속한 모든 사람이 하나님의 자녀 된 성도가 아닌 것은 누구나 인지하는 사실이다. 예수님은 교회 안에 "알곡과 가라지"가 함께 있다고 말씀하셨다. 심지어 종말의 때가 되면 "교회 안에 속한 사람이 성도를 미혹하여 넘어지게 한다"고까지 말씀하셨다. 그렇기에 성경과 개혁주의 신학이 말하는 성도란 어떤 사람인가를 아는 것이 참으로 중요한 시점이 되었다. 교회에 다닌다는 것이 성도를 보증하는 것이 아니기 때문이다. 성도가 아닌 사람에게서 "하나님의 형상과 그리스도의 형상 그리고 신의 성품에 참여하기를 기대한다"는 것은 시작이 잘못된 것이다. 그것은 성도에게서만 기대할 수 있는 요소이기 때문이다. 성경과 개혁주의 신학이 말하는 성도는 어떤 사람인가?

개혁주의 신앙고백서들이 정의하는 성도

세례 받은 사람이 성도인가? 전도 집회에서 그리스도를 믿기로 결심한 사람이 성도인가? 오늘날 한국교회는 이런 사람들을 성도라고 인정한다. 하지만 이것은 개혁주의 신앙고백서를 부정하는 것과 같다. 개혁주의 신앙고백서인 도르트 신조는 다음과 같이 정의한다.

> "성도는 하나님이 자신의 목적에 따라 우리 주 예수 그리스도인 자신의 아들과의 교통으로 부르시고 성령이 거듭나게 하신 사람들이다."[1]

또한 웨스트민스터 신앙고백서는 다음과 같이 정의한다.

> "성도는 하나님이 그의 사랑으로 받아들이시고 성령이 효과적으로 부르시며 거룩하게 하신 사람들이다."[2]

이처럼 개혁주의 신앙고백서들이 정의한 성도는 오늘날 교회에서 말하는 성도와는 거리가 멀다. 오늘날 교회는 전도 집회에서 예수를 영접한 사

---

[1] 도르트 신조, 제3, 4교리, 11항을 참고하라.
[2] 웨스트민스터 신앙고백서, 제17장 1절을 참고하라.

람들, 다른 사람의 손에 이끌려 교회에 다니고 있는 사람을 성도라고 부른다. 그러나 개혁주의 신앙고백서들은 이렇게 정의한다. "성도는 성령이 거듭나게 하신 사람들이다." "성도는 성령의 부르심 아래에서 거룩하게 되었고 또 거룩하게 되어가는 사람들이다."

성경이 증언하는 칭의되었고 구원받는 성도

구원론은 대부분 바울의 서신을 중심으로 확립되었다. 앞에서 잠시 보았지만 보다 자세히 살펴보기로 하자. 바울의 서신 가운데 로마서를 예로 들어보자.

> "네가 만일 네 입으로 예수를 주로 시인하며 또 하나님께서 그를 죽은 자 가운데서 살리신 것을 네 마음에 믿으면 구원을 받으리라 사람이 마음으로 믿어 의에 이르고 입으로 시인하여 구원에 이르느니라"(롬 10:9-10).[3]

한글개정개역 9절과 10절을 보면 차이가 없는 것처럼 보인다. 9절은 '시인의 대상'과 '믿음의 내용'을 설명하였고, 10절은 그것을 생략하고 기록한 것 외에 별반 차이가 없는 듯 보인다. 그러나 헬라어 시제를 보면 대단히 큰 차이점을 발견하게 된다.

---

[3] 9 ὅτι ἐὰν ὁμολογήσῃς ἐν τῷ στόματί σου κύριον Ἰησοῦν, καὶ πιστεύσῃς ἐν τῇ καρδίᾳ σου ὅτι ὁ θεὸς αὐτὸν ἤγειρεν ἐκ νεκρῶν, σωθήσῃ· 10 καρδίᾳ γὰρ πιστεύεται εἰς δικαιοσύνην, στόματι δὲ ὁμολογεῖται εἰς σωτηρίαν.
9절의 "시인하다"(ὁμολογήσῃς, 호모로게세스/)와 "믿다"(πιστεύσῃς, 피스튜세스)는 '동사 가정법 과거 능동형'이다. 10절의 "믿다"(πιστεύεται, 피스튜에타이)와 "시인하다"(ὁμολογεῖται, 호모로게타이)는 '동사 직설법 현재 수동형'이다.

9절의 "시인하다"와 "믿다"의 시제는 능동형 문장으로 주체가 사람이지 하나님이 아니다. 사람이 스스로 예수님을 자신의 주로 시인하고, 사람이 스스로 하나님이 예수님을 죽은 자 가운데서 살리신 것을 믿는다는 뜻이다. 여기에 하나님의 어떤 개입이나 역사가 없었다는 뜻이다. 그것을 예로 들어보면 이와 같을 것이다. 어떤 성도가 전도를 나간다. 전도 대상자에게 복음을 제시한 후 이렇게 말한다. "저를 따라하시겠습니까?" "네." 그러면 복음 제시자가 "예수님은 나를 다스리는 주십니다"라고 하고, 대상자는 "예수님은 나를 다스리는 주십니다"라고 따라한다. "하나님이 예수님을 죽은 자 가운데서 살리신 것을 믿습니다"라고 하니 대상자도 "하나님이 예수님을 죽은 자 가운데서 살리신 것을 믿습니다"라고 따라하다. 이렇게 복음을 제시 받은 사람은 예수님을 주로 시인하고 하나님이 예수님을 죽은 자 가운데서 살리신 것을 믿게 된다. 이렇게 믿게 된 경우가 9절 말씀의 상황을 의미한다. 성경은 이런 사람을 성도라고 정의하지 않는다.

10절의 "믿다"와 "시인하다"는 수동형 문장으로서 주체가 사람이 아니고 하나님이시다. 하나님에 의해 "예수를 죽은 자 가운데서 살리신 것이 마음으로 믿어졌고", "예수님이 나의 주님이신 것이 시인된 것"을 의미한다. 이 상황에서 사람이 스스로 한 것은 없다. 하나님이 믿는 것과 시인하는 것을 모두 주도하셨고, 사람은 하나님의 주도를 따른 것뿐이다. 성경은 이렇게 믿고 시인한 사람을 성도라고 정의한다. 부연 설명을 하면 사도행전 16장의 루디아가 그 예가 된다. 바울이 복음을 전할 때 루디아의 마음을 열고 복음을 받아들이게 하신 분이 하나님이셨다. 성경은 이런 사람을 가리켜 성도라고 명확하게 정의하고 있다.

본문의 "구원받다"도 9절과 10절의 시제가 전혀 다르다.[4] 즉, 9절의 "구원받다"라는 뜻은 어떤 사람이 "예수를 주로 시인하고 믿게 되면", "미래의 언젠가 하나님에 의해 구원을 받는다"라는 뜻이다. 이는 가정법 과거로서, 시인하고 믿기를 시작했으므로 그 가정이 취소되면 미래의 약속도 취소되는 것을 의미한다. 9절의 시제는 이 사람이 반드시 구원받는다고 말하지 않는다. 반면 10절의 "구원에 이르느니라"라는 동사형 문장이 아니다. 한글개정개역은 동사형 문장으로 번역했지만 헬라어는 "구원 안으로!"라고 문장을 끝맺는다. 9절과 10절의 "구원에 이르다"는 뚜렷한 차이가 있는 문장이다. 9절과 10절을 시제에 따라 직역해보자.

> "네가 만일 네 입으로 예수를 주로 시인하는 것이 취소되지 않고 지속되고, 또 하나님이 그를 죽은 자 가운데서 살리신 것을 네 마음에 믿는 것이 취소되지 않고 계속되면 미래의 언제가 하나님에 의해 구원을 받게 될 것이다. (반대로 입으로 주를 시인하던 것이 중단되고 마음으로 믿던 것이 중단되면 구원에 이르는 약속도 취소된다는 뜻이다.) 하나님이 사람의 마음에 예수님을 죽은 자 가운데서 살리신 것을 믿어지게 하시면 반드시 의에 이르게 되고, 하나님이 사람의 입으로 예수님을 주로 시인하게 하시면 반드시 구원 안으로 (들어갔다)."

9절의 능동형 문장은 내가 주체이기에 모든 것이 나의 행동에 따라 결정되지만, 10절의 수동형 문장은 하나님이 주체시고 나는 하나님에 의해 좌우되는 존재이기 때문에 하나님의 섭리대로 결정된다. 하나님에 의해 예수 그리스도가 마음에 믿어지고, 하나님에 의해 예수님이 주로 시인되는 사람이 구원받는 것은 당연하다. 하나님은 이런 사람을 100퍼센트 견인하신다. 이러한 성도의 견인은 절대로 끊어질 수 없다. 죽음도 끊지 못

---

4 9절의 "구원받는다"라는 뜻은 '동사 직설법 미래 수동형'이다. 10절의 "구원에 이르다"(εἰς σωτηρίαν, 에이스 소테리안)는 '전치사 대격+명사 대격'으로 '구원 안으로!'라는 의미다.

한다. 그러나 사람이 자신의 힘으로 예수를 그리스도로 믿고 예수를 주로 시인할 때는 그 사람의 행동 여하에 따라 언제든지 그 믿음과 시인이 중단될 수 있다. 이런 사람은 견인이 보장되지 않는다. 그러므로 성도의 견인 교리에 해당하는 성도는 하나님에 의해 예수가 그리스도로 믿어졌고, 지금도 믿고 있으며, 예수가 주로 시인되어졌고, 지금도 삶으로 예수를 주로 시인하고 있는 사람이다.

하나님은 반드시 성도를 견인하신다

두 신앙고백서가 정의하고 있는 성도는 하나님이 구원으로 인도하시는 것이 당연하다. 예수 그리스도와 교통하고 성령이 거듭나게 하셔서 거룩하게 된 성도라면 당연히 견인되어야 한다. 왜냐하면 이러한 성도는 마귀의 지배에서 벗어나 성령의 다스림을 받고 있으며, 잃어버린 하나님의 형상을 회복한 거룩한 성도임을 삶으로 확실하게 입증하기 때문이다. 그리고 계속 삶으로 입증해갈 것이기 때문이다.

달리 말하면 성도는 하나님의 영에 의해 거듭난 사람이다. 성도는 의롭다 하심을 받은 사람이다. 성도는 하나님의 가족으로 입양된 사람이다. 성도는 이 세 가지에 기초하여 거룩해졌고 지금도 거룩함을 추구해가고 있는 사람이다. 이러한 사람은 결코 구원을 잃어버릴 수 없다. 시제로 성도의 견인을 확증하는 두 구절이 있다.

"너희는 말세에 나타내기로 예비하신 구원을 얻기 위하여 믿음으로 말미암아 하나님의 능력으로 보호하심을 받았느니라"(벧전 1:5).

τοὺς ἐν δυναμί ει θεοῦ φρουρουμένους διὰ πίστεως εἰς σωτηρίαν ἐτοίμην ἀποκαλυφθῆναι ἐν καιρῷ ἐσχάτῳ·

"말세에 나타나다"(ἀποκαλυφθῆναι, 아포칼륖데나이)는 '동부정사 과거 수동형'이고, "보호하심을 받았다"(φρουρουμένους, 프루루메누스)는 '동분사 현재 수동형'이다. 말세에 하나님이 예비하신 구원은 하나님에 의해 나타났고, 그 상태는 하나님에 의해 지금도 보호되고 있는 중이다. 그러므로 이 구원은 어디로 사라질 가능성이 전혀 없으므로 성도의 견인은 확실하다.

"능히 너희를 보호하사 거침이 없게 하시고 너희로 그 영광 앞에 흠이 없이 기쁨으로 서게 하실 이"(유 1:24).
Τῷ δὲ δυναμένῳ φυλάξαι ὑμᾶς ἀπταίστους καὶ στῆσ αι κατενώπιον τῆς δόξης αὐτοῦ ἀμώμους ἐν ἀγαλλιάσ ει,

"능히…하다"(δυναμένῳ, 뒤나메노)는 '동분사 현재 중수디포'이고, "보호하다"(φυλάξαι, 필라자이)는 '동부정사 과거 능동형'이다. 하나님의 보호하심은 과거의 한 시점에서 시작되어 지금도 지속되고 있으므로 구원이 확실하다. 그러므로 하나님의 영광 앞에 흠 없이 기쁨으로 서게 된다는 사실이 사라질 가능성은 전혀 없다. 때문에 성도의 견인은 확실하다.

도르트 신조나 웨스트민스터 신앙고백서가 정의한 성도는 성경과 거의 부합한다. 그렇다면 오늘날 교회에서 정의하고 있는 성도는 성경과 부합한가? 그렇다면 성도의 견인 교리가 적용되어 예수 믿는 사람은 구원받고 천국에 간다. 그렇지 않다면 성도의 견인 교리는 적용되지 않을 것이고, 예수 믿어도 구원에 이르지 못하며, 천국에 가지 못할 것이다. 안타깝게도 오늘날 교회에서 성도라고 부르는 사람들은 성경과 도르트 신조 그리고 웨스트민스터 신앙고백서가 정의하는 성도와는 거리가 멀다. 그 이유를 몇 가지 찾아보자.

첫째, 오늘날 성도라고 부르는 사람들은 자신이(능동형) 예수님을 주로 믿고 시인한 사람들이다. 그러나 성경과 두 신앙고백서가 말하는 성도는 하나님에 의해(수동형) 예수가 주로 믿어지고 시인된 사람들이다.

둘째, 오늘날 성도라고 부르는 사람들은 예수를 믿는다고 한 이후로도 여전히 자신의 주인은 자신이다. 그러나 두 신앙고백서가 말하는 성도는 예수를 믿게 된 이후 성령에 의해 자신의 육적인 생각, 감정, 의지, 삶을 버리고 성령의 다스리심을 받는 삶으로 변화되어왔고, 지금도 변화되어가고 있는 사람들이다.

셋째, 오늘날 성도라고 부르는 사람들은 대부분 종교인일 뿐이다. 교회도 다니고, 십일조도 하며, 봉사도 한다. 그러나 그들이 하지 않는 한 가지가 있는데, 바로 성화의 길을 걷지 않는다. 성도의 견인에 따르는 성도의 책임을 감당하지 않는 사람이기에 하나님의 형상을 회복하지 못하고 있다. 그러나 성경과 두 신앙고백서가 말하는 성도는 철저하게 육체의 소욕을 굴복시키고, 성화의 길을 걸으며, 성도의 책임을 감당하고 있는 사람들이다.

넷째, 오늘날 성도라고 부르는 사람들은 여전히 우상숭배의 죄를 짓고 있다. 우상숭배의 죄에는 두 종류가 있다.[5] 하나는 하나님 외에 다른 신을 섬기는 것, 즉 형상이나 피조물을 숭배하는 것을 말한다. 다른 하나는 성삼위 하나님보다 더 사랑하는 모든 것을 말한다. 오늘날 교회에 다니는 사

---

5 정동진, 『깊은 우상숭배 회개문』(서울: 유하, 2014), pp. 4-9.

람들은 여전히 우상숭배 가운데 머물러 있다. 성경과 개혁주의 신앙고백서들이 말하는 성화의 과정을 걸으며 영화를 향해 나아가고 있다고 보기 어렵다.

그러므로 성경과 개혁주의 신앙고백서들이 말하는 성도와 오늘날 교회가 말하는 성도가 동일하다고 정의해서는 안 된다. 하나님이 선택하셔서 부르신 성도들은 반드시 하나님이 의롭게 만들고 계시고 영화에 이르도록 이끌고 계신다(롬 8:30). 그러나 오늘날 성도들의 신앙생활의 목표는 물질 축복과 건강, 자녀들의 성공 등에 있지 거룩함에 있지 않다. 많은 개혁주의 신학자와 목회자들이 이 주장을 뒷받침한다.

성도는 원죄와 자범죄를 철저히 회개한다

나는 9년 동안 신학 공부를 하면서 어떤 교수로부터도 "예수를 그리스도로 신앙고백하는 순간 원죄와 자범죄가 다 사함 받는다"고 배운 적이 없다. 그런데 그 후 어느 순간부터 그렇게 믿게 되었다. 대부분의 신자들도 그렇게 믿고 있었다.

"예수 믿는 순간부터 원죄와 그 이전에 지었던 자범죄(본죄)까지 모두 용서받는다."

이 사이비 신앙은 어디에서 기인된 것일까? 앞에서 도르트 신조에 언급되어 있음을 살펴보았다. 나는 대한예수교 장로회 총회(합동, 2009년 7월)가 발간한 『학습·세례 문답서』를 자세히 살펴보았다. 어디에도 "예수 믿는 순간부터 원죄와 그 이전에 지었던 본죄를 다 용서받는다"는 근거를 찾을 수 없었다. 학습 문답 제3장 12번 질문인 "최초로 누가 범죄하였습니까?"라는 답에 "아담과 하와가 최초로 범죄하였는데, 이 죄를 원죄라고 합니다"라고 적혀 있었다. 15번 질문 "원죄를 범한 우리가 스스로 지은 죄는 무슨 죄입니까?"라는 질문의 답에 "본죄 또는 자범죄라고 합니다"라고 적혀 있었다. 세례 문답 제3장 16번 질문 "죄는 몇 가지 종류가 있습니까?"라는 질문에 "아담이 지은 원죄, 아담의 후손들이 지은 본죄가 있습니다"라고 적혀 있었다. 40번 질문 "죄인은 어떻게 의롭다 함을 받을 수 있습니까?"라는 질문에 "하나님의 은혜와 예수 그리스도를 믿음으로 받을 수 있습니다"라고 적혀 있었다.

칼빈은 원죄와 자범죄에 대해 다음과 같이 말했다. 그는 회개의 유일한 목적을 "아담의 범죄로 말미암아 일그러지고 거의 도말된 하나님의 형상을 우리 안에 회복하는 것이다"[6]라고 하였다. 그는 이것이 한순간에 이루어진다고 가르치지 않았다. 예수 믿으면 그 순간 모든 죄를 사함 받는다고 결코 말하지 않았다. "하루나 한 해에 이루어지는 것이 아니다. 하나님이 지속적으로, 서서히 하신다. 평생 회개를 실천해야 하고, 이 싸움은 죽음이 와야만 끝난다"[7]고 가르쳤다.

마귀는 교묘하다. 언제 어떻게 들어왔는지 모르게 교회와 신자들에게 들어와 이렇게 말한다. "너 예수 믿지! 너의 원죄와 자범죄는 다 용서받았어! 회개하지 않아도 돼! 그냥 편안히 믿고 교회 다녀!" 오늘날 한국교회와 신자는 마귀의 이 논리에 거의 대부분 속아 넘어갔다.

---

[6] 기독교 강요, 제3권 제3항 9절 "Therefore, in a word, I interpret repentance as regeneration, whose sole end is to restore in us the image of God that have been disfigured and all but obliterated through Adam's transgression.
[7] 기독교 강요, 제3권 제3항 9절 "And indeed, this restoration does not take place in one moment or one day or one year; but through continual and sometimes even slow advances God wipes out in his elect the corruptions of the flesh, cleanses them of guilt,...that they may practice repentance throughout their lives and know that this warfare will end only at death.

성도는 지금도 아담의 죄로 인해 잃어버린 하나님의 형상을 회복하기 위해 회개와 씨름하고 있는 사람이다.

성도는 오늘보다는 내일, 내일보다는 모레, 올해보다는 내년에 죄로 잃어버린 하나님의 형상을 회복하기 위해 성령님의 도우심을 받아 몸부림치며 회개하는 사람이다.

성도는 죄를 철저하게 미워하며 피 흘리기까지 싸우는 사람이다(히 12:4).

성도는 자신을 지배하고 있던 죄가 떠나고 성령이 자신을 다스리시는 것을 기뻐하고 즐거워하는 사람이다.

당신은 성도인가? 성경이 말하고 개혁주의 신학이 말하는 성도에 해당한다면 당연히 성도의 견인이 성립되고 천국에 간다. 이 정의에 해당하는 성도는 하나님과 말씀 앞에 서서 자신을 비춰보며 끊임없이 회개하고, 죄와 싸우되 피 흘리기까지 싸운다. 이것이 바로 성경과 개혁주의 신조와 신학이 가르치는 성도의 신앙생활이다.

7장

회개하지 않아도 되는 네 번째 이유

'한 번 구원은 영원한 구원이다'

    성도가 회개하지 않아도 된다고 믿는 원인은 칭의만 강조된 신학을 배웠고(3장), 예수 믿으면 원죄와 그 이전의 모든 자범죄가 사함 받는다고 배웠으며(4장), 하나님은 성도를 천국까지 반드시 인도하신다는 무조건적인 성도의 견인 교리(5장)를 배우고 믿고 있기 때문이라고 살펴보았다. 이제 회개하지 않아도 된다고 믿는 마지막 원인인 "한 번 구원은 영원한 구원"이라는 주장을 살펴보자. 사실 이것은 앞서 살펴본 세 주장을 종합한 것이다.

    역사적으로 볼 때 개혁교회(Reformed church)는 츠빙글리와 칼빈에 의해 스위스에서 시작된 개혁운동의 결과로 생겨난 교회라고 볼 수 있다. 특히 독일의 루터교회(Lutheran church)와 구별하려는 의미가 있었다. 이 교회는 독일, 네델란드, 프랑스 등으로 확산되었는데, 이런 개혁교회의 신학을 보통 '개혁주의 신학'이라고 말한다. 개혁주의란 넓은 의미로 16세기 종교개혁자들의 개혁운동과 그 신학을 통칭하는 용어로 볼 수 있다. 그러나 진정한 의미에서 개혁주의라는 말은 츠빙글리(Zwingli, 1484-1531)와 칼빈(Calvin, 1509-1564)의 개혁운동과 그 신학사상을 '루터파'(Lutheran)와 구별하기 위하여 붙인 이름이다.[1] 개혁주의 신앙을 뒷받침하는 신앙고백서나 신조들은 "한 번 구원은 영원한 구원"이라고 가르치는가? 성경이 그렇게 말하고, 개혁주의 신조들이 그렇게 가르치고 있다면 우리는 그렇게 믿어야 한다. 만일 그렇지 않다면 우리는 그것을 버려야 한다.

개혁주의: "한 번 구원은 영원한 구원"이라고 가르치지 않았다

무제한 속죄를 주장하든, 제한 속죄를 주장하든 '죄 사함'은 분명히 있다. 이 죄 사함이 믿음과 구원과 연결될 때 복잡한 문제가 나타난다. 요즘 한국교회에는 "예수 믿으면 죄 용서 받는다" "예수 믿으면 구원 받는다" "예수 믿으면 천국 간다"는 교리가 성행하고 있다. 이 교리의 표현 자체가 틀렸다고만 말할 수는 없다. '칭의'가 잘못된 것은 아니다. 그러나 이 표현은 그 자체로 독립적일 수 없다는 점에 문제가 있다. 성경과 개혁주의 신학의 구원관은 "칭의(=구원)와 칭의에 대한 삶의 뒷받침(=성화)"을 두 축으로 보았다. 구원은 두 축이 어우러져 하나로 완성된 것인데, 한국교회와

---

[1] 개혁주의 신학을 대변하는 책은 기독교 강요, 웨스트민스터 신앙고백서, 도르트 신조 등이 있고, 학자로는 Zwingli(츠빙글리), Bullinger(불링거, 1504-1575), Calvin(칼빈), Abraham Kuyper(카이퍼, 1837-1920) Herman Bavinck(바빙크, 1854-1921), G. C. Berkouver(벌카우어, 1903-1996), C. Hodge(핫지, 1802-1878), B. B. Warfield(워필드, 1851-1921) 등이 있다.

신자들은 한 축을 떼어버린 채 진리인 양 절대시하고 있다. 문제는 이와 같은 교리가 언제 누구에 의해서 주장되었는지 확인되지 않는다는 것이다. 이렇게 주장한 신학자나 목회자가 없음에도 한국교회의 신학이 되어 버렸다.[2]

"예수 믿으면 구원받고 천국 간다"는 절름발이 신학에 기초한 교리가 "한 번 구원은 영원한 구원"이라는 기행적 교리를 낳게 되었다고 보인다. 극히 제한된 표현이지만 성경은 "한 번 구원은 영원한 구원"이라고 가르치기도 한다. 내가 이것을 기행적 교리라고 한 것은 대부분 그것을 보편적으로 사용하고 있기 때문이다. 그리고 성경과 개혁주의 신학이 "한 번 구원은 영원한 구원"이라고 말하는 데는 조건이 있다. '칭의'가 '성화'와 짝을 이루어야 구원관으로 제 기능을 하듯, '성도의 견인' 교리도 '보증'(=성도의 책임)과 짝을 이루어야 제 기능을 한다. 그래야 예수 믿은 후 천국까지 인도받는다. 그런데 오늘날 교회가 그 조건은 떼버리고 그것 자체로 보편적 진리라고 말하고 있기 때문에 문제가 된다. 더 큰 문제는 그로 인해 성도의 신앙생활 결과인 열매가 전혀 성경과 거리가 멀다는 것이다. 지금 성도들은 어떤 열매를 맺고 있는가?

첫째, 신앙생활의 열정과 헌신을 상실했다.

이 열정은 하나님을 알고자 하는 열정, 예수님의 재림을 사모하는 마음, 하나님과 교회에 대해 시간과 물질, 몸으로 헌신하는 봉사를 포함한다. 신앙생활에 대한 긴장감이 사라져 이러한 신앙생활을 잃어버리게 되었다. 내가 본격적으로 신학을 시작한 때인 1980년대 중반에는 교회에 일꾼들이 넘쳐났다. 주일학교 교사를 하겠다는 성도들이 줄을 섰고, 교회에

---

[2] 내가 읽어본 칼빈의 기독교 강요, 웨스트민스터 신앙고백서, 도르트 신조 등 어디에도 그런 내용은 없었다.

서 부흥회가 열리면 자리를 가득 메웠다. 40일 특별 새벽기도회를 하면 한 번도 빠지지 않으려고 안간힘을 썼다. 그러나 지금은 어떤가? 주일 낮 예배를 제외하곤 거의 대부분의 예배 시간이 텅 비고 있다. 그 원인이 단순히 지식수준이나 경제생활 여건이 개선되고, 여가 사용 기회가 많아졌기 때문인가? 그렇게 된 원인을 찾아야 치료가 가능하다.

둘째, 예수님의 재림을 사모하면서 밤을 지새우며 회개하는 신앙을 상실했다.

내가 신앙생활을 처음 시작할 때인 1970년 중반에는 종말론적 신앙의 기초 위에 예수님의 재림을 강조했고, 그 예수님을 맞이하기 위해 삶을 돌아보며 회개하고 또 회개했다. 예수님도 자신의 재림과 관련하여 "그러므로 깨어 있으라 어느 날에 너희 주가 임할는지 너희가 알지 못함이니라"(마 24:42)고 하셨다.

오늘날 대부분의 한국교회 성도들은 깨어 있지 못하다. 예수님의 재림과 상관이 없는 삶을 살고 있다. 말씀에 비추어 자신을 돌아보는 삶이 사라졌다. 근신하며 깨어 있는 신앙인을 찾아보기 어려운 것은 당연하다. 종교생활을 하고 있을 뿐이다. 원인이 무엇일까?

성경 말씀에는 경건하게 보이지만 사실상 진리를 떠난 데마와 같은 사람이 있음을 기록하고 있다(딤후 4:10) . 그는 구원에 관하여 그리스도와 전혀 연합되어 있지 않은 사람이었음을 보여준다. 칼빈, 도르트 신조, 웨스트민스터 신앙고백서는 칭의와 그리스도의 연합, 성화와 분리시켜서 "한 번 구원은 영원한 구원"이라고 주장하지 않았다. 칼빈과 웨스트민스터 신앙고백서는 "예수를 믿으면 모든 원죄와 자범죄를 사함 받는다"는 측면에서 "한 번 구원은 영원한 구원"이라고 가르치지 않았다. 칼빈과 도르트 신조, 웨스트민스터 신앙고백서는 아무 조건이 없는 "성도의 견인 교리"를 주장하며 "한 번 구원은 영원한 구원"이라고 가르치지 않았다. 칭의 교리에서 성화가 빠지면 성경적 구원관이 될 수 없다고 가르쳤다. "예수 믿으면 모든 원죄와 자범죄가 한순간, 하루, 한 해에 회개한다고 해결되는 것이 아니라 죽을 때까지 회개해야 한다"고 가르쳤다. 성도의 견인 교리가 제 기능을 하려면 성도의 책임(=보증)이 동반되어야 하다고 가르쳤다. 그런데 어떻게 "한 번 구원은 영원한 구원"이라고 가르칠 수 있겠는가? 이것은 성경과 개혁주의 신학이 가르치는 바가 아니다. 이단이라고 정죄된 구원파가 주장하는 교리이고, 율법폐기주의자들이 주장하는 교리이다.

오늘날 교회: 율법폐기론자들을 따른다

율법폐기론자들은 "한 번 구원받으면 죄악 된 삶을 살아도 구원받는다"라고 주장한다. 성도의 견인이란 우리가 한번 그리스도를 고백하기만 하면 마음대로 살아도 된다는 뜻이 아니다. 그러한 교리는 율법폐기론자들이[3] 주장하는 내용이다. 지금 대한민국은 '세월호' 사건 때문에 몸살을 앓고 있다. 그 사건의 주인공으로 등장하는 구원파는 "율법은 십자가에서 끝난 것이기 때문에 구원받은 사람들은 더 이상 규범에 묶여 가책을 받을 필요가 없다"[4]라고 주장한다. 구원파가 주장하는 교리, 교회사적으로 말하면 율법폐기론자들이 주장하는 교리들이 우리나라 개혁주의 교회 안에 버젓이 들어와 있는 것이다. 과연 성경은 율법이 폐기되었다고 말하는가?

---

[3] 율법폐기론은 1636년 10월 뉴잉글랜드에서 시작된 운동이다. 그들은 율법을 성도의 생활을 측정하는 규범으로 보지 않고 무의미한 것으로 여겼다. 이를 주장한 학자로는 존 코튼, 앤 헛치슨, 존 휠라이트 등이 있다.
[4] 2014년 6월 24일(화) 총신대학교 제2종합관에서 구원파 핵심교리 특별 세미나가 열렸는데 진용식 목사가 발제를 하면서 언급했다.

신약성경은 그렇게 말하지 않는다. 오히려 율법은 특별한 기능을 하고 있다고 말한다. 바울은 로마서에서 율법의 기능을 다음과 같이 말했다.

"그러므로 율법의 행위로 그의 앞에 의롭다 하심을 얻을 육체가 없나니 율법으로는 죄를 깨달음이니라"(롬 3:20).

하나님은 성도를 어떻게 견인하시는가? 율법과 복음서의 말씀을 기준으로 죄를 깨닫게 하시고 회개하게 하신다. 하나님은 말씀을 기준으로 죄를 회개시켜 죄악에서 돌이키시고 성화시키신다. 신앙생활은 그렇게 하루하루 진행되며 영화까지 인도된다. 말씀을 떠나서 살아도 천국에 가고, 죄를 짓는 사람이 안전하게 천국에 간다는 믿음은 거짓 선지자들의 가르침일 뿐이다.

"예수 믿으면 구원받는다." "예수 믿으면 천국 간다." 이러한 신학적 견해를 받아들여 자신이 지은 죄에 대해 회개하지 않는 사람은 성도의 견인 교리에 따른 책임을 회피하는 사람들이다. "예수 믿으면 구원받고 천국에 가기 때문에 죄를 지어도 된다"라고 주장하는 율법폐기론자들 또한 구원에 따르는 책임을 부인하는 사람들일 뿐이다. 율법폐기론은 비성경적이다. 그렇게 주장하지 않더라도 은혜를 주장하면서 무법하게 사는 것은 더 나쁜 것이다. 바울은 이렇게 말했다.

"그런즉 우리가 무슨 말을 하리요 은혜를 더하게 하려고 죄에 거하겠느냐 그럴 수 없느니라 죄에 대하여 죽은 우리가 어찌 그 가운데 더 살리요"(롬 6:1-2).

그러므로 '한 번 구원은 영원한 구원'이라는 개념은 성도의 견인 교리가 담고 있는 내용을 이해하지 못한 데서 비롯된 것이다. 한 번 구원이 영원한 구원이 되려면 생명에 이르는 회개가 뒷받침되어야 한다. 한 번 구원이 영원한 구원이 되려면 믿음으로 사는 삶이 뒷받침되어야 한다. 한 번 구원이 영원한 구원이 되려면 성령이 나의 연약함을 위해 말할 수 없는 탄식으로 기도하시는(롬 8:26-27) 결과로 나타나는 거룩함이 뒷받침되어야 한다. 이것들을 제외한 채 죄인에 대한 하나님의 칭의가 구원의 전부인 것처럼 말하는 것은 성경을 극히 일부분만 받아들이고 다수를 부인하는 불완전한 개념이다.

오늘날 한국교회와 성도들은 도르트 신조 제5교리 7항의 가르침을 경청해야 한다.[5]

> "그 이유는 먼저 하나님이 그러한 타락의 경우에도 그들 안에 그들을 중생시킨 자신의 썩지 않은 씨앗을 보존하시어 그것이 썩거나 버려지지 않게 하시기 때문이다. 다른 한편으로는 하나님이 그분의 말씀과 성령님을 통해 확실하고 능력 있게 그들을 새롭게 하시어 회개하게 하셔서 그들이 자신들이 지은 죄에 대해 마음으로 그리고 하나님의 뜻에 따라 탄식하며, 애통하는 마음과 믿음으로 중보자의 피로 이루어진 죄 사함을 간절히 사모하여 죄 사함을 얻게 되기 때문이다. 또한 그들이 지금 자신과 화해한 하나님의 은총을 새롭게 체험하게 되어 그분의 자비하심과 신실하심을 경배하게 되며, 앞으로 두려움과 떨림

---

[5] The Fifth Main Point of Doctrine 7. Renewal to Repentance
For, in the first place, God preserves in those saints when they fall the imperishable seed from which they have been born again, lest it perish or be dislodged. Secondly, by his Word and Spirit God certainly and effectively renews them to repentance so that they have a heartfelt and godly sorrow for the sins they have committed; seek and obtain, through faith and with a contrite heart, forgiveness in the blood of the Mediator; experience again the grace of a reconciled God; through faith adore God's mercies; and from then on more eagerly work out their own salvation with fear and trembling.

로 더욱 열심히 그들의 구원을 이루어간다."

성도라면 반드시 기억해야 한다. 성경과 개혁주의 교리는 거듭난 영혼이 인생의 시험을 통과하면서 인내하고 믿고 회개하게 되는 교리이다. 그들은 미끄러지고 타락하며 때로는 나쁜 습관을 키우기도 하고 의심과 싸우기도 하지만, 그 모든 것을 통하여 거룩함으로 자신을 성결하게 하는 자들이다. 그들은 실패해도 계속 인내함으로 승리를 쟁취하는 자들이다. 하나님은 성도가 처음 회심할 때처럼 지금도 믿음과 회개를 주고 계신다. 천국에 이를 때까지 계속해서 믿음과 회개를 공급해주신다.

성경과 개혁주의 교리는 '칭의'와 '성화'의 두 축을 하나로 삼은 교리이지 그것을 분리시킨 교리가 아니다. '성도의 견인'과 '성도의 책임'이라는 두 축을 하나로 삼은 교리이지 그것을 따로 떼버린 교리가 아니다. 하나님의 전적인 은혜로 '칭의'(구원)를 받은 후, 그 큰 은혜를 깨닫고 자신의 전 인격을 하나님과 하나님의 말씀에 굴복시키며 성화의 삶을 추구하게 되면 당연히 신의 성품을 회복하게 된다. 그것이 회복되면 그 성도의 삶에서 예수 그리스도의 모습이 드러난다. 믿든 안 믿든 주변 사람들은 그 열매를 보며 하나님께 영광을 돌리게 된다(마 5:16). 오늘날 세상은 교회와 성도들을 보며 하나님께 영광을 돌리지 않는다. 거부하는 정도에까지 이르렀다. 이제 성도인 자기 자신을 향해 진솔하게 질문해야 한다.

"나는 하나님의 전적인 은혜로 '칭의'(구원)를 받았다. 나는 '칭의'를 뒷받침하는 성화의 삶을 살려고 최소한 노력하고 있는가?"

이러한 신앙생활은 가시나무, 엉겅퀴가 될 수 없고 나쁜 열매를 맺을 수 없다. 당연히 좋은 나무가 되고 아름다운 열매를 맺는다. 다시 한 번 자기 자신에게 질문해보라.

"구원받은 신앙인으로서 나의 삶은 세상에 빛이 되고 있는가?"
"구원받은 신앙인으로서 나의 삶은 세상에 소금이 되고 있는가?"

한국교회와 성도는 이렇게 말해야 한다.

"나는 구원받았습니다. 나는 나의 삶으로 내가 받은 구원을 증거하고 있습니다. 거룩하게 되고자 하는 나의 열망과 삶이 그것을 확인시켜주고 있습니다. 나는 하나님과 말씀 앞에서 나를 돌아보고 매일매일 회개하며 하나님의 죄 용서를 받고 있고, 죄악 된 삶에서 돌이켜주시는 은혜를 누리고 있기 때문에 구원을 받았고, 받아가고 있습니다."

"나는 반드시 천국에 갑니다. 왜냐하면 나의 삶이 성도의 견인을 입증하고 있기 때문입니다."

히브리서를 근거로 삼는 오류

"한 번 구원은 영원한 구원이 아니다"라는 증거를 제시하기 위해서 히브리서 6장 4-6절 말씀을 제시한다. 그 말씀이 증거가 될 수 있는가? 우리는 히브리서 기자의 말씀을 어떻게 이해해야 할까? 믿다가 하나님을 완전히 떠난 자들을 가리키는가? 아니면 믿음에서 타락해가는 성도를 향한 권면일까? 전자라면 "한 번 구원은 영원한 구원이 아니다"라는 주장을 뒷받침하는 증거가 될 수 있을 것이다. 후자라면 그 증거가 될 수 없을 것이다.

> "한 번 빛을 받고 하늘의 은사를 맛보고 성령에 참여한 바 되고 하나님의 선한 말씀과 내세의 능력을 맛보고도 타락한 자들은 다시 새롭게 하여 회개하게 할 수 없나니 이는 그들이 하나님의 아들을 다시 십자가에 못 박아 드러내 놓고 욕되게 함이라"(히 6:4-6)[6]

4절에서 빛을 "받고"는 '동분사 과거 수동형'이고, 은사를 "맛보고"는 '동분사 과거 중간디포형'이며, 성령에 "참여한 바 되고"는 '동분사 과거 수동디포형'이다. 이 성도가 완전한 하나님의 은혜 안에 있었음을 입증하고 있는 것이다. 즉, 하나님의 온전한 구원에 참여하였던 성도임을 알 수 있다. '빛이 비쳐졌다'는 것은 자신이 빛이 있는 곳에 찾아 들어간 것이 아니다. '분사 과거 수동형' 문장이기 때문에 과거에 하나님에 의해 빛에 참여했고, 지금도 그 빛 가운데 머물고 있는 성도를 가리킨다.

5절에 나오는 능력을 "맛보고"는 '동분사 과거 중간디포형'이다. 하나님의 선한 말씀과 내세의 능력을 과거에 맛보았고, 지금도 맛보고 있는 성도를 가리킨다.

6절에 나오는 "타락했다"는 '동분사 과거 능동형'이다. 타락한 것이 현재 어느 시점이 아니라 과거 어느 시점에서 타락한 후 그 행위를 지속하고 있음을 보여주는 것이다. 그의 행위는 하나님의 아들을 다시 십자가에 "못 박고 있는 중이다." 또한 예수 그리스도의 십자가를 드러내 놓고 "욕

---

[6] 4 Ἀδύνατον γὰρ τοὺς ἅπαξ φωτισθέντας γευσαμένους τε τῆς δωρεᾶς τῆς ἐπουρανίου καὶ μετόχους γενηθέντας πνεύματος ἁγίου 5 καὶ καλὸν γευσαμένους θεοῦ ῥῆμα δυνάμεις τε μέλλοντος αἰῶνος, 6 καὶ παραπεσόντας, πάλιν ἀνακαινίζειν εἰς μετάνοιαν, ἀνασταυροῦντας ἑαυτοῖς τὸν υἱὸν τοῦ θεοῦ καὶ παραδειγματίζοντας.

보이고 있는 중이다."

위의 말씀은 성도가 두 가지 삶을 동시에 살 수 있음을 보여준다. 하나님에 의해 하나님의 은혜에 참여하여 그것을 계속 누리던 중 과거 어느 순간 타락하여 지속적으로 그렇게 사는 것으로, 은혜와 타락이 병행될 수 있음을 보여준다. 그러나 이것은 실제로 성도가 타락했다는 것을 의미하는 것이 아니다. 타락할 경우를 경고해 보여주는 것으로 이해하는 것이 옳다. 때문에 하나님에 의해 은혜에 참여한 자가 타락해서는 안 된다는 강한 권면으로 보아야 한다. 문장을 구성하는 문자에만 집중하면 두 가지 사실이 동시에 일어날 수 있지만, 그 의미를 깊이 살펴보면 실제 두 가지 삶이 동시에 일어날 수 없음을 보여주는 구절이다. 그렇다면 하나님에 의해 하나님의 은혜에 참여한 성도는 타락할 수 없다고 보는 것이 바른 해석이다. 이 해석이 가능한 증거는 "타락했다"[7]가 '떨어지다, 떨어져가다, 배반하다'를 의미하지 않고, '범하다, 타락하다, 범죄하다'를 의미한 데서 입증된다. 여기서 이 단어는 '분사 복수형'이 사용되어 '범죄하고 있는 자들', '타락하고 있는 자들'을 가리키므로 위의 내용을 뒷받침해준다.

성경과 개혁주의 신학자들, 개혁주의 신조들은 '한 번 구원은 영원한 구원'이라는 표현을 글로 기록한 적이 없다. 이 말은 후대에 누군가에 의해서 날조된 표현이다. 성경과 개혁주의 신학은 무조건적인 구원을 말하지 않았다. 오늘날로 말하면 까다로운 조건들이 붙어 있다. 이는 예수님이 말씀하신 구원과 맥을 같이 한다.

"좁은 문으로 들어가라 멸망으로 인도하는 문은 크고 그 길이 넓어 그리로 들

---

[7] παραπεσόντας, 파라페손타스'는 'παραπίπτω, 파라핍토'의 '동분사 과거 능동형'이다.

어가는 자가 많고 생명으로 인도하는 문은 좁고 길이 협착하여 찾는 자가 적음이라"(마 7:13-14).

하늘나라로 들어가는 문이 좁다고 정의하신 분은 예수님이다. 요한 사도는 이렇게 말했다.

"내가 진실로 진실로 너희에게 이르노니 문을 통하여 양의 우리에 들어가지 아니하고 다른 데로 넘어가는 자는 절도며 강도요 문으로 들어가는 이는 양의 목자라"(요 10:1-2).

예수님은 자신을 가리켜 "양의 문"이라고 하셨다. 성도는 양의 문을 통해서만 하늘나라에 들어갈 수 있다. 그러므로 예수님이 정의하신 "좁은 천국의 문"을 믿는 것이 안전하다. 넓은 문을 제시하는 현대 신학을 의심의 눈으로 살펴보는 것이 좋다. 좁은 문으로 들어가려면 하나님과 말씀 앞에서 자신을 살피고 또 살펴야 한다. 말씀에서 이탈한 삶을 회개하고 용서받고 돌이켜야 한다. 회개 없는 신앙생활은 성경과 개혁주의가 지향하는 신앙생활이 아니다.

성경과 개혁주의 신앙생활의 목표는 "하나님의 형상, 그리스도의 형상을 회복하여 신의 성품에 참여하는 것"이기 때문에 하나님과 말씀 앞에서 자신을 돌아보아 회개하고, 죄를 용서받으며, 불의에서 돌이켜 하나님의 형상을 회복하는 삶을 살아야 한다. 그 신앙생활의 결과 신의 성품에 참여해야 한다. 그것은 회개 없이 불가능하다.

2부

회개의 중요성과 필요성

8장 존 칼빈

오늘날 거의 대부분의 교회는 "한 번 구원은 영원한 구원"이라는 이상한 교리에 빠져 있다. "한 번 구원은 영원한 구원"이기 때문에 "예수 믿으면 당연히 천국 간다"는 생각에 사로잡혀 있기도 하다. 당연히 천국에 가는데 말씀대로 살아야 할 이유가 무엇이겠는가? 당연히 천국에 가는데 회개할 필요성을 느끼겠는가? 나 또한 한 번 믿으면 이미 구원과 천국은 보장된 것으로 배웠고, 때문에 회개의 필요성을 전혀 느끼지 못했다.

그러나 이것은 성경과 개혁주의 입장의 진정한 견해가 아님을 1부에서 살펴보았다. 칼빈은 기독교 강요 제3권 "우리가 그리스도의 은혜를 받는 길: 어떤 유익이 그 은혜로부터 우리에게 주어지는가? 그리고 어떤 결과가 따르는가?"[1]라는 제목 아래 제3장에서 "믿음으로 말미암는 우리의 중

---

[1] The Way in Which We Receive the Grace of Christ : What Benefits Come to Us from It, and What Effects Follow

생: 회개"² 라는 부분을 다루었다. 이 부분을 읽어보면 "한 번 구원은 영원한 구원"이라는 말 자체가 성립할 수 없으며, 칼빈은 오늘날 성도들이 싫어하는 '회개'를 얼마나 중요하게 취급했는가를 알 수 있다. 칼빈은 제3권 제3장에서 "믿음의 결과로서 회개"에서부터 "거짓 회개와 진실한 회개"까지 25개 주제를 다루고 있다. 두 번째 주제로 다루고 있는 "회개의 근거는 믿음이 담고 있는 복음 안에 있다"³ 라는 글의 내용을 살펴보면 칼빈이 회개를 어떻게 생각하고 있는지 쉽게 이해할 수 있다.

일평생 해야 하는 회개

칼빈은 먼저 회개하고 복음을 믿어야 한다고 주장하는 재세례파, 예수회 회원들을 비판하면서 다음과 같이 기록했다.

> 그러나 회개로부터 시작하려는 자들의 미친 짓에 대해서는 그럴듯한 이유가 전혀 없다. 그들은 새로 회심한 사람들에게 며칠 동안 참회하라고 명령하고 이 기간이 지난 후에 비로소 그들이 복음의 은혜에 참예하는 것을 허락한다. 나는 지금 재세례파에 속한 수많은 사람들, 특히 영적인 사람으로 여김 받는 것을 대단히 기뻐하는 사람들에 대해 말하고 있다. 또한 그들의 동반자인 예수회 회원들과 그들과 비슷한 다른 사람들에 대해 말하고 있다. 분명히 저 경박한 사람들은 회개를 겨우 며칠 동안으로 제한하는 결과를 빚었으나 그리스도인은 일평생 회개를 계속해야 한다.⁴

---

[2] Our Regeneration By Faith : Repentance
[3] Repentance has its foundation in the gospel, which faith embraces

칼빈은 "그리스도인은 일평생 회개를 계속해야 한다"고 주장했다. 칼빈의 견해를 보다 자세히 살펴보자.

회개는 끊임없이 믿음을 따르고, 믿음은 회개를 낳는다

칼빈은 누가복음 24장 47절과 사도행전 5장 31절을 기초로 복음을 '회개와 죄 용서'라는 두 축으로 보았다. 믿음을 이야기할 때는 반드시 이 두 주제를 기초로 시작해야 하고, 이 두 주제가 빠지면 믿음은 효과가 없고 불완전하며 거의 무용한 것으로 전락하는 것이라 주장하였다. 그는 "복음의 은혜를 받아들인 사람(칭의)은 반드시 과거 생활의 과오를 버리고 바른 길로 돌아서며 회개를 실천하는 데 전력을 기울인다"[5]라고 보았다.

칼빈에게 있어서 '믿음'과 '회개'는 동전의 양면과 같았다. 사람들은 믿음으로 의롭다 함을 얻고, 의롭다 함을 얻은 사람에게는 용서받은 사실이 분명하게 나타난다고 보았다. 죄를 용서받은 사람에게는 삶의 진정한 거룩함이 나타나는데 이 거룩함은 의롭다 함을 받는 것과 분리할 수 없는 것으로 보았다. 그러므로 칼빈에게 믿음과 회개는 분리시킬 수 없는 요소였

---

[4] 기독교 강요, 제3권 제3장 2절
But lacking any semblance of reason is the madness of those who, that they may begin from repentance, prescribe to their new converts certain days during which they must practice penance, and when these at length are over, admit them into communion of the grace of the gospel. I am speaking of very many of the Anabaptists, especially those who marvelously exult in being considered spiritual; and of their companions, the Jesuits, and like dregs. Obviously, that giddy spirit brings forth such fruits that it limits to a paltry few days a repentance that for the Christian man ought to extend throughout his life.

[5] 기독교 강요, 제3권 제3장 1절
…surely no one can embrace the grace of the gospel without betaking himself from the errors of his past life into the right way, and applying his whole effort to the practice of repentance.

다. 그는 심지어 "회개는 끊임없이 믿음을 따를 뿐만 아니라 믿음에서 회개가 태어난다"[6]고 주장했다.

사탄은 인간의 죄로 인해 그들에게 죄의 멍에를 씌우고, 악의 비참함 속에서 살도록 지배하고 있다. 사람이 전파되는 복음을 듣고 복음을 받아들이면 사탄의 속박에서 벗어나 하나님 나라로 옮겨지게 된다. 이 결과 속에는 다양한 단계가 포함되어 있다. 중요한 단계로는 사람이 복음을 받아들이면 반드시 자신의 과거 생활을 청산하고 과오를 버리게 된다. 다음 단계로 바른 길로 돌아서게 된다. 그다음 단계로 회개를 실천하는 데 전력을 기울이게 된다. 이러한 신앙생활은 변화와 성숙을 가져와 열매를 맺게 된다. 그리스도의 장성한 분량에 이르게 된다.

고린도후서 5장 17절과 요한일서 1장 9절은 "죄인이 복음을 듣고 믿게 되면 자신의 과거 생활을 청산하고 과오를 버리고 바른 길로 돌아서서, 그것이 완성될 때까지 회개를 통해 실천하게 된다"고 말한다. 그리스도인이 과거 생활을 청산하기 위한 필요충분조건은 회개이다. 믿음 안에서 말씀에 비추어 자신을 돌아보며 회개하고, 마음과 태도에 변화가 일어나며 삶이 바뀌고 열매를 맺는다. 믿음은 일평생 회개를 낳기 때문에 그리스도인은 믿음생활을 하는 평생 동안 회개해야 한다.

오늘날 교회는 칼빈이 주장하는 시작과 끝만 붙들고 있다. 즉, '복음을 영접하고 믿으면 죄에서 벗어나 의롭게 된다'는 시작과 '의롭다 함을 받은 사람은 천국 간다'는 끝만 붙잡고 있다. 칼빈이 주장하고 있는 중간 단계는 아예 무시해버렸다. 칼빈이 주장하는 중간 단계를 다시 한 번 정리해 보자.

---

[6] 기독교 강요, 제3권 제3장 1절
···that repentance not only constantly follows faith, but is also born of faith.

첫째 단계는 과거 생활의 과오를 버리는 단계이다.

둘째 단계는 바른 길로 돌아서는 단계이다.

셋째 단계는 회개를 실천하는 단계이다.

넷째 단계는 그 결과 작은 의의 열매를 맺는 단계이다.(계속 회개를 실천해서 더 나은 의의 열매를 맺어야 한다는 의미를 내포하고 있다.)

오늘 한국교회와 성도들은 의롭다 함을 받는 것과 구원을 얻는 것 사이에 있는 이 네 단계를 아예 다 빼버렸다고 할 수 있다. 마지막과 끝만 붙들고 있다. 위험천만한 발상이다. 칭의를 받은 사람은 이 네 단계를 거쳐서 구원에 이르게 된다. 그러므로 이 네 단계를 포기하는 것은 구원 얻기를 포기하는 것과 같다. 중간의 네 단계는 모두 회개와 연관된 삶이다. 칼빈은 회개가 믿음에서 나오는 것과 나무의 열매처럼 믿음에서 생겨나는 것을 부정하는 사람들을 가리켜 "회개의 능력을 깨달은 일이 없고, 경솔한 논증에 의존해 그렇게 생각한다"[7]라고 강하게 비판했다.

칼빈은 믿음이 생성되는 순간 그 결과 즉시 회개가 일어나야 한다고 주장한다. 믿음을 가진 후 회개가 일어나는 데 시간 간격이 필요하지 않다고 보았다.[8] 나는 어떤가? 믿음이 있는 사람인가? 하나님에 의해 예수 그리스도가 주와 그리스도로 믿어진 성도는 회개가 바로 작동해야 한다. 그리고 회개가 지속되고 있어야 한다.

---

[7] 1절 Such persons have never known the power of repentance, and are moved to feel this way by an unduly slight argument.
[8] 9장 각주 2를 참고하라.

회개의 근거인 복음

칼빈이 생존했던 시대의 재세례파나 예수회 회원들은 성경 기록의 순서를 중시했다. 즉, "회개하라! 하늘나라가 가까이 왔느니라"[9](마 3:2; 4:17)라는 성경 기록의 순서를 따라서 하늘나라를 받아들이기 위해 회개가 선행되어야 한다고 주장했다. 칼빈은 이들의 견해를 받아들이지 않았다. 그는 세례 요한이나 예수님이 이 표현을 하실 때 "구원에 대한 약속과 하나님의 은혜로 인한 회개의 당위성"이 그 말씀 속에 내포된 것으로 보았고, "하늘나라가 가까이 왔으므로 회개하라!"라는 의미를 담고 있는 것으로 이해했다.

앞장에서 칼빈은 믿음이 회개를 낳는다고 표현한 것에 대해 부연 설명을 한다. 즉, 회개의 근원이 믿음에 있다고 해서 믿음이 회개를 낳는 데 어떤 시간적 간격이 있다고 생각하는 것이 아니다.[10] 칼빈은 믿음이 생성되는 즉시 회개가 작동한다고 보았다. 그만큼 회개를 중시하고 있다는 반증이다. 사람은 자신이 하나님의 것이라는 확신이 없으면 하나님의 은혜를 깨닫지 못하고, 자신이 하나님의 것임을 믿지 못한다. 이런 사람은 진심으로 회개할 수 없다.

칼빈은 회개의 중요성을 다른 각도에서 설명하였다. 시편 130편 4절의 "사유하심이 주께 있음은 주를 경외하게 하심이니이다"라는 말씀과 호세아 6장 1절의 "오라 우리가 여호와께로 돌아가자 여호와께서 우리를 찢으

---

[9] 개역개정역은 "ἡ βασιλεία τῶν οὐρανῶν, 헤 바실레이아 톤 우라논"을 천국으로 번역했다. 내가 '천국'을 '하늘나라'로 옮긴 것은 이유가 있다. 신학자나 성도들은 천국을 죽어서 가는 장소적인 의미로 이해하고 있다. 그러나 이들 본문에서의 '천국'은 예수님을 가리킨다. 확장시키면 예수님과 예수님 안에 있는 하늘의 요소들을 가리킨다. 이 의미를 살리기 위해서 '하늘나라'로 번역했다.

[10] Yet, when we refer the origin of repentance to faith we do not imagine some space of time during which it brings it to birth.

셨으나 도로 낫게 하실 것이요 우리를 치셨으나 싸매어 주실 것임이라"라는 말씀은 용서에 대한 소망을 자극하여 사람들이 죄 가운데 빠져 안주하지 못하게 하고 있다고 주장하였다. 복음 안에 회개가 있다고 한다면 복음을 영접한 사람은 당연히 회개해야 한다.

오늘날 칼빈주의를 신봉한다는 교회들은 칼빈이 주장한 중요한 "회개 교리"를 버린 것으로 보인다. 교회 강단에서 회개하라는 선포가 사라진 지 오래이다. 교회에 다니는 사람들은 목회자들에게 공공연하게 요구한다. "우리는 그렇게 무거운 설교를 들으러 교회에 오지 않았습니다. 그렇지 않아도 세상에서 고통 가운데 지내는데 교회에서라도 쉼이 있고 위로와 격려가 있는 설교를 듣고 싶습니다." 예수님에게서, 천국에서 멀어져 가는 모습들이다. 칼빈은 복음 안에 회개의 근원이 있다고 보았고, 또 "그리스도인은 일평생 회개를 계속해야 한다"[11]고 주장하였다.

회개는 하나님께로 돌아서는 것

칼빈은 회개를 두 종류, 곧 "율법의 회개"와 "복음의 회개"로 구별하였다. 전자는 죄의 가책으로 상처받고, 하나님의 진노를 두려워하여 떨며, 그 불안한 상태에 붙잡힌 채 빠져나오지 못하는 것으로 이해했다. 후자는 큰 고통을 받지만 그 고통을 이기고 일어서며, 그리스도를 자기의 상처를 치료하기 위한 양약과 두려움에 대한 위로와 불행을 피하는 피난처로 의지하는 것으로 이해했다. 히스기야(왕하 20장), 니느웨 사람들(욘 3장), 다윗

---

[11] …the Christian man ought to extend throughout his life.

(삼하 24장) 등이 이 회개를 한 사람들이다.

이들의 특징이 무엇인가? 하나님께로 돌아선 사람들이다. 하나님을 순수하게 또 진실로 두려워한 사람들이다. 그래서 칼빈은 "회개는 생활을 하나님께로 전향하는 것"이라고 정의했고, "그것은 외면적 행위뿐만 아니라 영혼 자체의 변모를 요구한다"라고 이해했다.

칼빈은 회개의 참된 성격이 드러난 구절로 예레미야 4장 말씀을 추천한다.

> "여호와께서 이르시되 이스라엘아 네가 돌아오려거든 내게로 돌아오라 네가 만일 나의 목전에서 가증한 것을 버리고 네가 흔들리지 아니하며…여호와께서 유다와 예루살렘 사람에게 이와 같이 이르노라 너희 묵은 땅을 갈고 가시덤불에 파종하지 말라 유다인과 예루살렘 주민들아 너희는 스스로 할례를 행하여 너희 마음 가죽을 베고 나 여호와께 속하라 그리하지 아니하면 너희 악행으로 말미암아 나의 분노가 불 같이 일어나 사르리니 그것을 끌 자가 없으리라"(렘 4:1, 3-4).

이 말씀에는 하나님께 돌아오려면 먼저 마음속 은밀한 곳에서부터 사악한 생각을 버려야 함을 강조하고 있고, 하나님 앞에서는 인간의 간교한 술책이 통하지 않는다는 것을 지적하고 있다. 이 말씀과 더불어 칼빈은 겉으로 보기에 회개하는 척하려는 서투른 노력을 경계하였다(사 58:6). 회개는 마음이 돌아와야 하고, 외적인 삶이 하나님께로 돌아와야 한다. 그렇지 않으면 그것은 외식이고 하나님의 진노를 받을 뿐이다.

믿는 자도 여전히 죄인이다

한국교회와 성도들은 "예수를 믿는 순간 원죄와 그 이전까지 지은 자범죄를 사함 받는다"고 믿는다. 그래서 예수 믿기 이전에 지은 죄는 회개하지 않아도 된다고 생각한다. 원죄를 회개하고, 믿기 전에 지은 자범죄를 회개하면 오히려 이상한 신학을 신봉하는 이단으로 취급받는 실정이다. 칼빈은 사람이 예수를 믿게 되면 "하나님의 성령이 우리의 영혼을 감화시키시고, 우리의 영혼에 새로운 생각과 감정을 불러 넣음으로써 그의 거룩함에 깊이 잠기게 될 때 우리의 영혼이 새로워져 올바로 생각할 수 있게 된다"[12]라고 했다. 그렇다면 칼빈은 믿는 성도들을 온전한 의인으로 보았는가? 아니면 여전히 죄인으로 보았는가? 칼빈은 중생한 성도와 죄의 관계를 이렇게 설명했다.[13]

> 어거스틴은 신자들이 죽을 육체에 거하고 있는 동안은 육욕에 매여 있기 때문에 육욕을 억제할 수 없다는 것을 인정하지만 그것을 죄라고 부르지는 못했다. 그것을 '연약'이란 용어로 부르는 것에 만족했다…반면에 참으로 우리는[14] 우리 안에 있는 이런 종류의 욕망이 생기게 하는 부패성 그 자체를 '죄'라고 부른다…따라서 우리는 성도들이 죽을 몸을 벗어버리기까지 항상 죄가 있다고 가르친다.

---

[12] 기독교 강요, 제3권 제3장 8절을 참고하라.
[13] 기독교 강요, 제3권 제3장 10절 …while he concedes that believers, as long as they dwell in mortal bodies, are so bound by inordinate desires that they are unable not to designate it with the term "weakness"…Indeed, we Label "sin" that very depravity which begets in us desires of this sort. We accordingly teach that in the saints, until they are divested of mortal bodies, there is always sin;
[14] 칼빈 자신을 포함한 개혁주의자들을 지칭한다.

칼빈은 어거스틴이 중생한 성도가 죄를 짓는 것을 가리켜 "연약함"이라고 부르는 것을 분명하게 반대하면서 율법에 반대되는 육체적 욕망을 "죄"라고 정의했고, 중생한 성도라도 죽을 몸을 벗어버리기까지 항상 죄가 있다고 가르쳤다. 칼빈은 "중생한 성도는 여전히 죄인"이라고 정의했다. 그는 "하나님이 자기 백성을 중생시키심으로써 그들 속에서 죄의 힘을 파괴시키신다"라고 보았다. 그렇다. 성경이 그렇게 가르친다. 예수를 그리스도로 믿어도 여전히 죄인이다. 믿는 순간 아담의 원죄와 믿기 이전까지의 자범죄를 모두 용서받는 것이 아니다. 용서받았다면 죄는 없어야 한다. 믿는 성도가 여전히 죄인이라면 어떻게 해야 하는가? 하나님이 그 성도 안에서 죄를 제거하시는 작업을 계속하고 계신다면 어떻게 해야 하는가? 아담이 지은 원죄를 회개해야 한다. 내가 스스로 지은 죄도 회개해야 한다. 예수 믿고 난 이후에 지은 모든 죄도 회개해야 한다. 이것이 성경의 가르침이고 칼빈의 가르침이다. 성경과 칼빈의 가르침 이후 개혁주의 신학자들은 회개를 어떻게 이해하고 가르쳤는지 살펴보자.

9장   개혁주의 신학

　루터의 종교개혁 이후 개혁주의 신학의 근원이라 불리는 칼빈이 회개를 어떻게 가르쳤는지 살펴보았다. 이제 칼빈 사후 50년 이상 지난 시점부터 개혁주의 신학이 어떻게 자리매김을 했는지 확인하는 것이 필요하다. 앞에서 살펴본 것처럼 웨스트민스터 신앙고백서와 도르트 신조를 통해 개혁주의 신학의 회개관을 생각해보자.

도르트 신조의 회개론

　도르트 신조는 다섯 번째 교리인 '성도의 견인' 교리 4항의 "중생한 자들의 죄에 빠짐"에서부터 7항 "회개하여 새롭게 하심"까지 회개를 언급했다. 어디까지나 '성도의 견인' 입장에서 회개를 이야기했을 뿐이지 웨스트민스터 신앙고백서처럼 회개 자체를 강조한 것은 아니다. 도르트 신조 다섯 번째 교리 4항은 중생한 자들이 분명히 죄를 짓게 됨을 단호하게 주장한다.[1] 5항은 신자의 범죄가 하나님께 미치는 영향과 회개의 중요성을 언급하였다.

5항 범죄함으로 인한 영향[2]

인간은 심각한 죄로 하나님을 매우 분노하게 하고, 죽음에 해당하는 죄책에 빠지며, 성령님을 근심하게 하고, 한동안 믿음의 실천을 중단하며, 양심에 큰 상처를 입고, 한동안 자신이 은혜를 입었다는 사실도 잊어버리는데 이것은 그들이 진실한 회개를 통해 다시 돌이켜 하나님의 부성애적인 얼굴이 다시 그들에게 나타날 때까지 계속된다.

도르트 신조는 중생한 성도가 죄를 짓는 것을 인정하고 있지만 하나님의 견인을 강조하고 있다. 하나님의 견인을 강조하면서 "죄에 빠진 신자가 진실로 회개함으로 하나님이 그를 향한 부성애적인 얼굴을 나타내신다"라는 사실을 논하였다. 회개의 중요성을 언급하는 것 같으나 실제는 하나님의 견인을 강조하고 있다. 그럼에도 불구하고 도르트 신조는 회개가 하나님의 얼굴을 돌이키는 데 중요한 요소임을 지적하고 있다. 웨스트

---

[1] The Fifth Main Point of Doctrine, 4. The Danger of True Believers' Falling into Serious Sins
···When they fail to do this, not only can they be carried away by the flesh, the world, and Satan into sins, even serious and outrageous ones, but also by God's just permission they sometimes are so carried away—witness the sad cases···

[2] The Fifth Main Point of Doctrine, 5. The Effects of Such Serious Sins
By such monstrous sins, however, they greatly offend God, deserve the sentence of death, grieve the Holy Spirit, suspend the exercise of faith, severely wound the conscience, and sometimes lose the awareness of grace for a time—until, after they have returned to the right way by genuine repentance, God's fatherly face again shines upon them.

민스터 신앙고백서처럼 회개가 죄 사함을 받게 하고, 정죄에서부터 자유하게 하는 중요성은 외면하였다. 또한 회개가 개인적으로, 공적으로 행해져야 하는 중요성에 대해서도 간과하였다. 도르트 신조는 독립된 회개론을 주장하지 않고, 성도의 견인에서 하나님의 얼굴을 돌이키는 데 필요한 요소임을 가르치는 것으로 제한했다.

도르트 신조는 다섯 번째 '성도의 견인' 교리 7항에서도 회개를 언급하지만, "죄를 지은 신자를 새롭게 하여 죄 사함을 얻게 하는 방편"으로 서술하고 있다.

웨스민스터 신앙고백서의 회개론

웨스트민스터 신앙고백서는 칼빈 사후 약 100년이 되는 시점에 작성되었다. 웨스트민스터 신앙고백서 제15장에서 "생명에 이르는 회개"라는 제목 아래 여섯 항이 설명되어 있다.[3]

1. 생명에 이르는 회개는 복음에서 오는 은혜이다. 이 회개의 교리는 그리스도를 믿는 신앙의 교리 경우와 마찬가지로, 모든 복음 사역자들에 의해 전파되어야 한다.

2. 회개로 말미암아 죄인은 자신의 죄가 위험할 뿐만 아니라, 더럽고 추악하여 하나님의 거룩하신 성품과 그의 의로운 율법에 반대되는 것임을 눈으로 보고 깨달음으로, 또한 회개하는 자들에게 그리스도 안에서 하나님이 긍휼을 베푸신다는 것을 깨닫게 될 때 자신의 죄를 슬퍼하고 미워하

게 되며, 그리하여 모든 죄에서 방향을 돌려 하나님께로 향하게 된다. 그리고 그의 모든 계명을 쫓아 하나님과 동행하기로 작정하고 또한 노력하게 되는 것이다.

3. 회개가 죄에 대한 어떤 속상(贖償)이 되거나, 죄 용서의 어떤 원인이 되는 것으로 믿어서는 안 된다. 죄 사함은 그리스도 안에서 하나님이 값없이 베풀어주시는 은혜의 행위이다. 그렇지만 회개는 모든 죄인에게 필요불가결한 것이기 때문에 아무도 회개함 없이 죄 사함을 기대할 수 없다.

4. 어떤 죄라도 그것이 너무 작기 때문에 정죄를 받지 않아도 되는 죄가 없는 것처럼, 어떤 죄라도 그것이 너무 크기 때문에, 참으로 회개하는 자들을 정죄하는 죄란 없다.

---

3 CHAPTER 15 Of Repentance unto Life
1. Repentance unto life is an evangelical grace, the doctrine whereof is to be preached by every minister of the gospel, as well as that of faith in Christ.
2. By it, a sinner, out of the sight and sense not only of the danger, but also of the filthiness and odiousness of his sins, as contrary to the holy nature, and righteous law of God; and upon the apprehension of his mercy in Christ to such as are penitent, so grieves for, and hates his sins, as to turn from them all unto God, purposing and endeavoring to walk with him in all the ways of his commandments.
3. Although repentance be not to be rested in, as any satisfaction for sin, or any cause of the pardon thereof, which is the act of God's free grace in Christ; yet it is of such necessity to all sinners, that none may expect pardon without it.
4. As there is no sin so small, but it deserves damnation; so there is no sin so great, that it can bring damnation upon those who truly repent.
5. Men ought not to content themselves with a general repentance, but it is every man's duty to endeavor to repent of his particular sins, particularly.
6. As every man is bound to make private confession of his sins to God, praying for the pardon thereof; upon which, and the forsaking of them, he shall find mercy; so, he that scandalizeth his brother, or the church of Christ, ought to be willing, by a private or public confession, and sorrow for his sin, to declare his repentance to those that are offended, who are thereupon to be reconciled to him, and in love to receive him.

5. 사람들은 일반 회개로 만족해서는 안 되고, 각자 자기의 죄를 낱낱이 개별적으로 힘써 회개하는 것이 모든 사람의 의무다.

6. 모든 사람은 하나님께 자기의 죄를 개인적으로 고백해야 하며, 그 죄에 대한 용서를 간구해야 한다. 그렇게 간구할 때 그리고 그 죄들을 버릴 때 하나님의 긍휼을 덧입게 된다. 그러므로 자기의 형제나 또는 그리스도의 교회를 험담한 사람은 사적으로 혹은 공적으로 자기의 죄를 기꺼이 고백하고 통회하며, 손상을 입힌 사람들에게 자기가 회개한 것을 보여주어야 한다. 그렇게 되면 그들은 그 사람(회개한)과 화목해야 하며, 사랑으로 그를 영접해주어야 한다.

회개는 복음 안에서 나오는 은혜이다

웨스트민스터 신앙고백서는 회개를 복음 안에서 오는 은혜로 보았다. 칼빈이 "회개는 믿음을 따르고 믿음이 회개를 낳는다"라고 주장한 것과 동일한 맥락이다. 보다 중요한 것은 "모든 복음 사역자가 이 회개를 전파해야 한다"고 주장한 것이다. 이 신앙고백서는 회개가 복음 안에서 오는 은혜이기 때문에 복음을 들어야 할 뿐만 아니라, 복음을 들은 자들에게도 중요한 은혜의 요소임을 밝혔다. 이 신앙고백서는 "회개론"을 독립시켜 논할 만큼 중요한 교리임을 말하고 있다.

회개 없이 죄 사함을 기대할 수 없다

회개는 사람이 자신의 죄가 위험할 뿐만 아니라 더럽고 추악하여 하나님의 거룩하신 성품에 반하는 것임을 깨달을 때 우러러 나온다. 회개는 하나님이 긍휼로 자비를 베푸심을 깨달을 때 일어나게 되고, 사람은 회개함으로 자신을 모든 죄에서 방향을 돌려 하나님께로 향하게 만든다. 웨스트민스터 신앙고백서도 칼빈과 마찬가지로 회개가 죄 용서의 어떤 원인이 되는 것이 아님을 지적한다. 그러나 회개가 중요한 것은 회개가 모든 죄인에게 필수적인 요소인 것은 회개 없이 죄 사함을 기대할 수 없기 때문이다. 회개가 죄 사함을 낳은 것은 아니지만 하나님은 죄인의 회개를 통해 죄를 사해주신다. 그러므로 예수를 믿어 중생해도 여전히 죄인이기 때문에 끊임없이 회개를 통해 죄를 용서받고, 불의에서 돌이켜 하나님의 성품을 회복해야 한다.

회개는 정죄를 초래하지 않는다

한국교회와 성도들은 "그러므로 이제 그리스도 예수 안에 있는 자에게는 결코 정죄함이 없나니 이는 그리스도 예수 안에 있는 생명의 성령의 법이 죄와 사망의 법에서 너를 해방하였음이라"(롬 8:1-2)는 말씀을 붙들고 "예수 믿으면 결코 정죄함이 없고 죄와 사망의 법에서 해방되었다"고 좋아한다. 좋아하는 정도가 아니라 "죄 사함 받았고 자유를 얻었다"는 절대적인 믿음을 가지고 있다. 이제 한국교회와 성도들은 웨스트민스터 신앙고백서 제15장 4항 교리에 귀를 기울여야 한다.

> "어떤 죄라도 그것이 너무 작기 때문에 정죄를 받지 않아도 되는 죄가 없는 것처럼, 어떤 죄라도 그것이 너무 크기 때문에 참으로 회개하는 자들을 정죄하는 죄란 없다."

웨스트민스터 신앙고백서의 회개 교리는 믿지 않는 자를 대상으로 이야기하는 것이 아니다. 예수를 믿는 성도에게 주는 교리이다. 한국교회와 성도들은 "예수 믿으면 모든 죄를 사함 받는다"고 믿는다. 웨스트민스터 신앙고백서의 교리를 적용해서 말하면 "예수를 믿고 회개할 때 죄 사함을 받는다"가 된다. 예수를 믿는다고 그냥 죄가 사해지지 않는다. 예수를 믿고 죄를 고백해야 죄가 사해진다는 말씀이다. 때문에 예수를 믿어도 회개하지 않으면 여전히 하나님의 정죄는 유효한 것이다. 예수를 그리스도로 믿는 성도는 회개함으로 정죄에서 자유케 된다.

회개는 개별적으로 해야 한다

웨스트민스터 신앙고백서는 "회개론"을 지극히 성경적으로 정의했다. 성도가 하나님께 자기 죄를 낱낱이 고백하는 것은 의무라고 규정했다. 그렇다. 예수를 믿지 않는 자들이 자기 죄를 하나님께 고백할 수는 없다. 그것은 칼빈의 주장처럼 불가능하다. 예수를 믿은 후 아담이 지은 원죄를 깨닫고 회개해야 한다. 예수를 믿은 후 자신이 지은 생활의 죄[4]를 깨닫고 회개해야 한다. 아담이 지은 원죄와 자신이 지은 자범죄를 개인적으로 철저하게 회개하고 고백해야 한다. 하나님은 그 회개를 받으시고 죄를 사해주시며 불의에서 깨끗하게 해 주신다(요일 1:9).

회개는 공적으로도 해야 한다

한국교회와 성도들은 "회개는 하나님 앞에서만 하면 된다"라고 가르친다. 웨스트민스터 신앙고백서는 "자기 형제나 그리스도의 교회를 험담한 사람은 사적으로도 회개해야 하고 공적으로도 회개해야 한다"라고 가르친다. 야고보서도 동일한 맥락에서 말씀했다.

---

[4] 말씀을 떠나서 산 모든 죄를 의미한다.

"너희 중에 고난 당하는 자가 있느냐 그는 기도할 것이요 즐거워하는 자가 있느냐 그는 찬송할지니라 너희 중에 병든 자가 있느냐 그는 교회의 장로들을 청할 것이요 그들은 주의 이름으로 기름을 바르며 그를 위하여 기도할지니라 믿음의 기도는 병든 자를 구원하리니 주께서 그를 일으키시리라 혹시 죄를 범하였을지라도 사하심을 받으리라 그러므로 너희 죄를 서로 고백하며 병이 낫기를 위하여 서로 기도하라 의인의 간구는 역사하는 힘이 큼이니라"(약 5:13-16).

고난당하는 성도는 기도해야 하다. 병이 발병한 성도는 교회의 장로들을 청해 주의 이름으로 기도를 받아야 한다. 초청받은 장로들의 믿음의 기도는 병을 치료할 뿐만 아니라 혹 죄를 범했을지라도 그 죄도 사함 받는 기회를 제공한다. 때문에 서로 죄를 고백해야 한다. 질병의 치유를 위해 서로 기도해야 한다. 예수님은 이렇게 가르치셨다.

"우리가 우리에게 죄 지은 자를 사하여 준 것 같이 우리 죄를 사하여 주시옵고"(마 6:12).

예수님은 내게 죄를 지은 형제의 죄를 먼저 용서해주는 것이 하나님 아버지께 나의 죄를 용서달라고 기도할 조건이라고 말씀하셨다. 내게 죄지은 형제를 용서하지 않으면 하나님 아버지께 나아가 내 죄를 용서해달라고 기도할 자격이 없는 것이다. 내게 죄지은 형제를 용서하기 위해서는 회개 기도가 절대 필요하다. 저절로 형제를 용서할 마음은 일어나지 않는다. 하나님 앞에 나아가 죄를 고백하는 중에 용서의 마음이 일어나게 되는 것이다. 우리는 웨스트민스터 신앙고백서의 가르침을 잘 기억해야 한다.

"회개해야 죄를 사함 받고, 회개해야 정죄함에서 자유하게 된다. 그리고 회개는 개별적으로, 공적으로 해야 한다."

웨스트민스터 신앙고백서는 "회개론"을 "신론"이나 "구원론"처럼 조직신학의 독립적인 한 분야로 보았다고 할 수 있다.

개혁주의 신조들이 말하는 회개의 중요성과 필요성

칼빈의 기독교 강요(1536년)가 편찬된 지 80년 후에 도르트 신조(1618-1619)가 작성되고, 약 100년 후에 웨스트민스터 신앙고백서(1643-1648년)가 완성되었다. 도르트 신조가 작성된 배경에는 반대자들에 대한 변증적 성격이 있기 때문에 개혁주의 신앙의 전반적인 부분을 포괄하지 못했다고 볼 수 있다. 때문에 "회개"가 논쟁의 대상이 되지 못했고, "중생과 성도의 견인" 교리가 논쟁의 주 대상이었기에 회개는 성도의 견인 교리를 옹호하는 입장에서 한 부분 정도로 언급했다. 그러나 앞에서 살펴보았듯 웨스트민스터 신앙고백서는 짧지만 강력하게 "회개론"을 개혁주의 신앙인들에게 제시했다. 이는 칼빈의 개혁 교리를 그대로 이은 것이라 할 수 있다.

믿음은 회개를 낳는다. 때문에 믿음이 있다면 자연스럽게 회개하게 된다. 무슨 문제가 있고 동기가 있어야 회개를 하는 것이 아니다. 믿음 자체가 회개를 불러일으키는 하나님의 은혜를 담고 있다. 회개는 믿는 자의 죄를 하나님께 용서받는 기회를 만들어낸다. 뿐만 아니라 죄인을 향했던 하나님의 진노를 제거하고 정죄에서 자유하게 한다.

칼빈과 웨스트민스터 신앙고백서의 "회개론"을 요약하며 꼭 기억해야 할 네 문장을 소개한다.

"회개는 끊임없이 믿음을 따르고 믿음은 회개를 낳는다."
"그리스도인은 일평생 회개해야 한다."
"회개 자체가 죄를 사하는 것은 아니지만 하나님은 회개를 통해 죄를 사해주신다."
"회개는 정죄에서 벗어나 자유하게 한다."

더불어 기억해야 할 말씀이 있다. 예수를 그리스도로 믿는다고 원죄가 저절로 사해지지 않는다. 예수를 그리스도로 믿는다고 자범죄(본죄)가 저절로 사해지지 않는다. 오늘날 성도들은 도르트 신조의 잘못된 주장인 "예수 믿으면 원죄와 자범죄를 모두 사함 받는다"는 신학을 붙들고 있다. 그 영향 아래에서 이 땅에 태어나 자신이 지은 죄조차도 회개하지 않는다. 나는 칼빈이 기독교 강요에서 "회개론"을 "신론"이나 "기독론"처럼 독립시켰더라면 오늘날 성도들에게 신앙생활의 가장 중요한 요소 중 하나인 "회개"를 바로 인식시켰을 것이라는 안타까운 마음을 가지게 되었다. 그래도 칼빈이나 웨스트민스터 신앙고백서가 복음의 구성 요소를 "회개"와 "죄 용서"라고 가르친 것만으로도 회개의 중요성은 강조되었다고 보인다.

우리는 "복음을 믿으면 구원받는다"고 말한다. "복음을 믿는 것이 무엇인가?" 복음을 믿는 것은 "복음 안에 있는 아담이 지은 원죄를 회개하고, 예수 믿기 전까지 지은 자범죄를 회개하는 삶을 실천한다. 그리고 하나님은 그 회개를 받으시고 죄를 용서해주신다"는 것을 믿는 것이다. 이런 성도에게 구원의 은혜가 주어진다는 의미이다. "복음을 믿는 것"은 단순히 "영접한다"는 의미가 아니다. "복음을 믿는 것"은 "복음을 믿고 있는 것"

으로 해석하는 것이 보다 정확하다. "믿고 있는 상태가 지속된다"는 것은 중요한 의미를 담고 있다. '믿고 있는 상태'를 결정하는 기준은 말씀이다. 말씀대로 사는 삶은 믿고 있는 상태를 실천하고 있는 성도이고, 말씀대로 살지 못하는 삶은 믿고 있는 상태가 단절된 것을 의미하며, 무늬만 교회에 다니는 사람이다. 말씀대로 살지 못할 때 성령으로 인침 받은 사람이라면 죄를 깨닫게 되고, 회개하게 되며, 돌이키게 된다. 성경과 개혁주의 신학은 이것을 '믿고 있는 것'이라 정의한다.

성도도 죄를 지을 수밖에 없다. 죄를 지을 때에도 하나님의 은혜가 작동하기에 회개할 수 있다. 회개가 중단되었다는 것은 믿음의 작동이 멈춘 것을 의미한다. 그래서 칼빈은 "회개는 끊임없이 믿음을 따르고, 회개는 믿음에서 태어난다"라고 강조했는지도 모른다. 그렇다. 믿음은 회개를 낳는다. 믿음이 있는 성도라면 당연히 회개의 삶을 살 수밖에 없다.

10장   복음서에 나타난
회개의 중요성과 필요성

  1부의 7장, 2부의 3장에서 회개에 대한 정의를 언급하지 않은 것은 일반적으로 알고 있는 의미를 그대로 받아들였기 때문이다. 달리 말하면 성경적 의미의 회개를 정의하고, 신학자들이 그 회개의 의미에 맞게 이론을 정립했는가를 살펴보는 것은 너무나 방대한 작업이기 때문이기도 하다. 그러나 이제는 성경적인 회개에 대한 정의를 나름대로 세워야 할 시점이 되었다.

회개에 대한 기독교의 사전적 정의

  회개란 "하나님으로부터 떨어져 있는 인간이 그의 전적인 실존에 있어서 그의 삶 자체를 살아 계신 하나님께로 방향을 돌리거나 복귀시키는 행

위를 나타내는 용어이다."¹

사전적으로 정의했을 때 회개의 가장 중요한 의미는 단순히 심령의 변화만을 일컫는 비신학적인 것이 아니라 하나님께 대한 인간의 태도가 근본적으로 변화되는 것을 말한다.² 하나님을 떠나 있는 인간이 그 전존재(全存在)를 하나님께 복귀시키는 행위를 나타내는 용어이다

회개에 대한 성경적 정의

성경은 회개를 어떤 의미로 사용하고 있을까? 개역개정 성경에 '회개'라는 직접적인 표현으로 사용된 경우는 총 58회인데, 구약에 3회(욥 42:6; 시 7:12; 겔 18:30) 사용되었고, 신약에는 복음서에 23회, 사도행전에 11회, 서신서에 9회, 요한계시록에 12회 사용되었다. 이것은 단지 한글 번역을 기준으로 한 것이다. 구약에서 회개를 뜻하는 단어는 슈브(שוב)인데 약 1,050회 사용되었다. 이 슈브와 동일 의미를 가지고 있는 신약성경의 회개는 세 가지 어군으로 정리할 수 있다.

첫째, 에피스트레포(ἐπιστρέφω)에 속한 단어들이 있다. 에피스트레포는 '돌리다turn, 되돌아보다turn around, 되돌아오다turn back, 회심하다be converted'의 의미를 가지고 있다. 이 어군에 속한 단어로 스트레포(στρέφω, 돌리다, 바꾸다), 아포스트레포(ἀποστρέφω, 피하다), 에피스트로페(ἐπιστροφη, 회심) 등이 있다.

둘째, 메타멜로마이(μεταμέλλομαι)에 속한 단어들이 있다. 메타멜로마이

---

[1] www.theopedia.com
[2] 칼빈도 회개는 마음 혹은 태도의 변화라고 정의했다.

는 "마음을 바꾸다change one's mind, 후회하다regret, 회개하다repent"의 뜻을 가지고 있으며, 이 어군에 속하는 단어로는 아메타멜레토스(ἀμεταμέλητος, 후회 없는not to be regretted, 돌이킬 수 없는irrevocable) 등이 있다.

셋째, 메타노에오(μετάνοεω)에 속하는 단어들이 있다. 이는 "마음을 바꾸다change one's mind, 회개하다repent, 회심하다be converted"란 뜻을 가지고 있다. 이 어군에 속하는 단어로는 메타노이아(μετάνοια, 마음의 변화change of mind, 회개repentance, 회심conversion), 아메타노에토스(ἀμετανόητος, 참회하지 않는impenitent) 등이 있다.

이 세 가지 어군 중에서 신약성경은 주로 세 번째 어군에 속하는 단어들로 기록되어 있다.[3] 즉, 긍정적 의미로 사용된 '메타노이아'와 '메타노에오', 부정적 의미로 사용된 '아메타노에토스' 등인데, 이들은 단순히 입술로 회개한다는 의미를 뛰어넘어 마음의 변화를 수반하는 태도의 변화를 의미하고 있다.

회개(메타노이아)는 입술의 고백이 아니라 마음과 태도를 바꾸는 것이다

메타노이아(명사)는 신약성경에 22회 사용되었고, 마음을 바꿈, 변경, 사고방식을 변화시킴 등의 의미를 담고 있다. 특히 자기 자신을 의지하지 않고, 자신의 의로운 행위에 의존하지 않으며, 그리스도를 완전히 의존하고 그리스도께로 돌아선다는 뜻으로 사용되었다. 더 나아가 사상이나 감정의 형태가 변형되고 변화되어 과거에 대한 반전이 일어났고, 진보된 영적 상태로 인격이 개조되어 마음이 방향을 완전히 전환한 의미를 가지고 있다. 또한 과거의 잘못된 삶의 목적과 삶의 모습인 행위가 반전되어 죄악

---

[3] 신약 성경에는 "회개"라는 용어가 55회 쓰이는데, 복음서에 23회(40%), 사도행전에 11회(19%), 서신서에 9회(11%), 요한계시록에 12회(21%)가 사용되는 매우 귀중한 신학적 용어이다.

을 향하던 데서 선으로 향하는 반전이 일어난 것을 의미한다. 불신앙에서 신앙으로 반전된 의지적 결심으로 반전시키는 진보된 영적 상태의 인간 행위를 의미하는 "생명 얻는 회개"(행 11:18)이며, "죄와의 관계를 근원적으로 청산"하는 것을 의미한다.

그러나 개혁주의 신학은 '메타노이아'의 본래적 의미를 점차로 살피지 못하게 되었다. 라틴 신학계에서는 이 단어를 "poenitrntiam agite, 포에니텐티암 아기테"라는 "고백하다"의 의미로 사용했는데, 종교개혁 500주년이 지난 지금도 이 용어의 의미는 개혁이 되지 못한 채 '회개'와 '고백'이란 단어로 무분별하게 혼용하고 있다. 마르틴 루터(Martin Luther)는 회개와 고백을 분별하지 못하는 중세 가톨릭에 대항하여 95개조 반박문을 내걸 때 첫 번째 조항부터 네 번째 조항까지를 여기에 할애했다.[4] 그런데도 개혁주의 신학은 중세 가톨릭이 사용했던 의미로 돌아가 입술로 고백하는 회개를 회개로 정의하고, 그것조차도 강조하지 않는 우를 범하고 있다.

회개(메타노에오)는 삶의 완전한 방향 전환을 의미한다

메타노에오(동사)는 신약성경에 32회 사용되었고, "목적이나 의도를 바꾸다, 생활의 근본적인 태도를 개조시키다, (죄에 대하여) 애통하는 마음을 가지다, 마음을 움직여 하나님의 뜻을 받아들이다, 나쁜 상태에서 더 좋은 상태로 마음이나 생활의 순수한 변화를 가지다, 형태를 개조시키다, 보다 나은 상태로 마음을 바꾸다, 과거에 지은 죄를 미워함으로 진정한 마음으로 자신을 고치다"라는 의미를 담고 있다. 이는 과거에 임한 심판을 포함

---

[4] 1. 우리 주 예수 그리스도가 "회개하라"(마 4:17)고 하셨을 때, 이는 믿는 자의 삶 전체가 회개하는 삶이어야 함을 말씀하신 것이다. 2. 이 말씀이 고해성사, 즉 사제에 의해 집도되는 고백과 속죄로 이해되어서는 안 된다. 3. 하지만 이것이 단지 내적 회개만을 의미하는 것은 아니다. 그러한 내적 회개(inner repeutance)는 육신의 다양한 외적 수행을 수반하지 않는 한 무가치한 것이다. 4. 죄에 대한 벌은 자기 자신을 미워하여도, 즉 참된 내적 회개를 하여도 우리가 하나님 왕국에 들어갈 때까지 계속된다.

해 완전한 방향 전환의 의미를 가지고 있다. 또한 미래에 대한 신중한 방향 수정을 뜻하는 개념으로서 죄인이 하나님께 돌아오는 삶의 변화를 의미하는 단어이다. 하나님을 향해 삶의 방향을 완전히 전환했다면, 그 전환한 방향을 따라 살아야 하는 것은 당연한 일이다. 예수를 그리스도를 믿는다고 고백했다면 어떻게 옛 삶의 방식을 따라 살아갈 수 있는가? 말로만 고백하는 것을 회개라고 가르치고, 그 고백의 결과로 죄를 사함 받았다고 믿기 때문에 삶이 변화되지 않고 성숙하지 않는 것이다.

진정한 회개는 하나님의 뜻대로 하는 근심으로부터 출발하여 하나님께 헌심(獻心)하고 헌신(獻身)하는 것이다(고후 7:10). 이것은 중생의 사역에 뿌리를 두고 하나님의 성령에 의하여 죄인의 의식생활이 무지(無知) 또는 오착(誤錯)이었다는 확신으로, 죄인 때의 사상과 의견, 욕망과 결의를 완전히 바꾸는 변화를 말한다.

그러므로 성경적 회개는 소극적으로는 죄에서 돌아서는 것이고, 적극적으로는 하나님께로 돌아가는 뜻을 말한다(행 9:35; 11:21; 26:20). 성경적 회개는 죄인이 하나님께 돌아오는 신령적 변화를 뜻한다. 보다 자세하게 서술하면 성경적 회개란 하나님으로부터 떨어져 있던 인간이 전파된 복음을 듣고 믿음으로 자신의 사상이나 생각에 의존하여 살아왔던 과거의 사고방식을 버리고 그리스도를 완전히 의존함에 따라, 살아 계시는 하나님께 인격적으로 삶을 돌이켜 복종시키는 의지적 결심이다. 또한 지금까지의 불신앙적인 사고로 인한 죄악을 미워하고 애통해하며 포기하고 떠날 뿐만 아니라, 마음의 변화를 받고 생활의 근본적인 태도가 개조되어 생각과 마음과 삶이 하나님을 닮아 그것을 드러내 보여주는 것이다.[5]

---

[5] 억지로 보여주려는 노력이 아니라 자연스럽게 삶으로 우러나게 되므로 사람들이 보게 된다.

복음서에 나타난 회개의 중요성과 필요성

회개는 열매를 맺는 것이다

신·구약의 가교 역할을 했던 세례 요한은 "죄 사함을 위한 회개의 세례"를 외쳤다(마 18:3; 막 1:4). 회개는 윤리 도덕적인 잘못을 고치거나 부족함을 뉘우치는 자아 비판적인 행위가 아니라 새 사람으로 태어나기 위해 옛사람을 죽이는 죽음의 세례를 받지 않으면 안 된다는 외침이었다. 세례 요한은 구약의 그 어느 선지자보다 더욱 강하게 회개를 촉구했다. "회개에 합당한 열매를 맺고…좋은 열매를 맺지 아니하는 나무마다 찍혀 불에 던져지리라"(마 3:8-10). 세례 요한은 종말론적 심판의 관점에서 이방인이 받던 세례를 유대인들에게 선포했고, 나아가 회개에 합당한 열매까지 맺을 것을 외쳤다. 입술의 고백으로 하는 회개는 열매가 없어도 된다. 그러나 세례 요한은 회개에 합당한 열매를 요청했다. 회개는 마음의 변화에서 시작하여 태도의 변화로 나아가 합당한 열매를 맺는 것이다. 이 과정이 생략된 채 구원을 얻어 천국에 들어간다는 것은 아주 위험한 발상이다.

회개는 예수님을 소유하여 새 생명을 얻게 한다

예수님은 자신이 세상에 오신 목적을 "죄인을 불러 회개시키러 왔노라"(눅 5:32)라고 말씀하셨다. 예수님은 이 목적에 따라 "회개하라!"고 강조하셨고 "이미 하늘나라가 임했다"라고 말씀하셨다(마 4:17). 특이한 것은 세례 요한이나 예수님이나 회개와 하늘나라를 연결시킨 점이다(마 3:2; 마 4:17). 이 하늘나라는 우리가 이해하는 미래 장소적인 천국이 아니다(마 3:3). 하늘나라는 예수님을 가리킨다. 회개는 예수님을 맞이하고 소유하게 한다. 죄인이 돌이켜 회개하면 예수님을 소유하게 되고, 그 결과 새로운 생명을 얻어 천국에 들어갈 수 있게 된다(마 18:3).

회개는 복음을 받아들이게 하는 능력이다

예수님은 마가복음에서 "때가 찼고 하나님의 나라가 가까이 왔으니 회개하고 복음을 믿으라"(막 1:15)라는 것으로 시작하셨다. 이것은 예수님이 하신 사역의 전부가 회개로의 부르심이고, 하나님께로의 복귀를 시사한다. 예수님은 산상 설교에서 인간에게 있는 죄의 내재성을 지적하시고 하나님께로 복귀하는 회개를 촉구하시면서, 만일 회개하지 않으면 하나님의 심판에서 피할 수 없음을 경고하셨다(마 5:22, 28-29). 또한 지옥이나 영원한 멸망도 언급하시면서 회개를 촉구하셨다(마 10:28; 23:33). 즉, 회개는 지옥과 영원한 멸망에서 건져주는 능력이다. 인간에 대한 회개는 요구가 아니고 하나님으로부터 주어지는 선물이다. 하나님께로 돌아오는 것은 율법에 대한 응답이 아니고 하나님의 은혜에 대한 응답이다. 예수님이 말씀하신 하나님의 약속, 또는 복음을 받아들이는 길은 회개밖에는 없다. 복음은 한 번 받아들이면 되는 것인가? 아니다. 요한복음은 "믿다"라는 단어를 98회 기록하고 있는데, 대표적인 시제가 '분사형'이다. 즉 "믿는다"가 아니라 "믿고 있다"이다. 예수를 그리스도로 한 번 영접하여 믿는 것이 아니라 지속적으로 영접하고 믿고 있는 상태를 가리킨다. 이를 토대로 했을 때 회개는 복음을 받아들이게 하고, 더 깊고 더 넓고 더 분명하게 받아들이게 한다. 예수님 안으로 들어간다면 그 깊이와 넓이는 측량할 수 없을 것이다. 오늘날 교회와 성도는 지식적으로 예수를 믿고 받아들일 뿐 더 이상 예수님 안으로 들어가지 않는다. 회개가 작동하지 않기 때문에 예수님 안으로 더 깊이 들어갈 수 없다. 회개는 성도를 예수께로 나아오게 하는 능력이다.

회개는 구원을 얻는 길이다

예수를 영접하여 믿는 것이 진행형이라면 당연히 구원을 얻는 것도 진행형이 되어야 한다. 예수 그리스도의 십자가 사건이 능력이 없어서가 아니다. 능력이 있기 때문에 영원히 죽을 죄인에게 살 길을 주었다. 구원을 얻는 것이 진행형이 되어야 하는 것은 예수님이 그렇게 말씀하셨기 때문이다. 예수님은 마태복음에서 "그러나 끝까지 견디는 자는 구원을 얻으리라"(마 24:13)라고 하셨다. "구원을 얻으리라"는 '동사 직설법 미래 수동형'이다. 구원을 얻는 사람이 현재 취하는 것이 아니라 하나님이 미래에 구원을 얻도록 취해서 주신다. 예수님은 요한복음에서 "내가 진실로 진실로 너희에게 이르노니 내 말을 듣고 또 나 보내신 이를 믿는 자는 영생을 얻었고 심판에 이르지 아니하나니 사망에서 생명으로 옮겼느니라"(요 5:24). "사망에서 생명으로 옮겼다"는 '동사 직설법 완료 능동형'이다. 예수님이 믿는 자의 믿음을 보시고 영원히 죽은 죄인을 "사망에서 생명으로 옮긴 것은 완료되었다." 그러나 "영생을 얻는다"는 '동사 직설법 현재 능동형'으로 예수님을 영접하여 믿은 이후부터 나는 매일매일 영생을 얻는다. 그리고 "심판에 이르지 않는다"는 '동사 직설법 현재 중수디포형'으로 하나님 아버지가 현재 심판을 받지 않도록 해주신다는 의미이다. 종합하면 영생을 얻는 것과 심판을 받지 않는 것이 현재 계속될 때 사망에서 생명으로 옮겨진 완료형이 온전히 완성되는 것이다. 바울은 "구원을 얻는다"는 표현을 현재형(고전 1:18)과 미래(롬 5:9-10)형으로 사용했는데, 한 곳에서만 예외적으로 완료 수동형(엡 2:5)으로 사용했다.

예수를 그리스도로 영접하여 믿게 된 성도는 궁극적으로 구원을 얻는데, 그가 현재 해야 할 일은 '영생을 얻는 것'이다. '영생'은 시간적으로 '영원히 산다'는 의미가 아니라 '질적인 변화'를 의미한다. 예수를 믿음에도 과거의 생각, 감정, 행위, 가치관 등을 그대로 가지고 있다면 그것은 믿지 않는 것이다. 그 상태로는 하나님의 형상을 회복할 수 없고 신의 성품에 참여할 수 없다. 예수를 믿는 평생 동안 하나님과 말씀 앞에서 자신을 돌아보고 회개하며 돌이켜 영생을 얻어갈 때 비로소 종국에 온전한 구원에 이르게 된다. 그러므로 회개는 구원에 이르게 하는 중요한 요소이다. 바울은 "하나님의 뜻대로 하는 근심은 후회할 것이 없는 구원에 이르게 하는 회개를 이루는 것이요…"(고후 7:10)라고 하여 회개를 구원의 수단으로 이해했다. 회개는 온전한 구원을 이루는 신앙요소이다. 심명석 박사의 가르침을 다시 한 번 살펴보자.

> "칼빈의 회개론은 회개가 단지 구원의 서정의 하나로서의 가치만 갖는 것이 아니라, 이신칭의(以信稱義)를 강화하고 실제화하는 중요한 요소이다. 그러므로 이신칭의만이 복음이 아니라 회개로 말미암는 죄 사함도 복음이기에 교회의 강단에서 선포해야 할 중요한 복음의 핵심이다. 회개는 구원의 필수요건이며, 그것은 동시에 우리가 구원을 받은 확실한 표가 되는 것이다."[6]

회개와 죄 사함은 복음의 핵심 요소이다. 회개는 구원의 필수 요건이고, 성도가 구원을 받는 확실한 표이다.

---

[6] 심명석, "개혁주의 구원론에 있어서의 회개의 중요성과 필요성", 『성경과 신학』 제50권, 2009, p. 157.

11장   바울 서신에 나타난 회개의 중요성과 필요성

초기 이방 기독교는 거의 대부분 바울에 의해 개척되었다. 바울은 이방 지역에 복음을 전하며 메타노에오(행 17:30; 26:20)와 메타노이아(행 20:21)를 상황에 맞게 사용했다. 전자는 '회개하라'는 동사형이고, 후자는 '회개'라는 명사형이다. 바울이 후자의 의미로 사용할 때 '회개'와 '믿음'을 연관시키고 있다는 특징을 보인다.

> "유대인과 헬라인들에게 하나님께 대한 회개와 우리 주 예수 그리스도께 대한 믿음을 증언한 것이라"(행 20:21).

회개와 믿음의 대상은 유대인과 헬라인이고, 회개는 성도를 하나님과 연관시키며, 믿음은 성도를 예수 그리스도와 연관시킨다. 믿음과 회개는 개혁주의 신학자들이 논하고 있는 것처럼 분리시킬 수 없다. "하나님께 대한 회개"라 함은 하나님을 향해 돌아서는 것이다. 하나님을 알지 못하던 사람은 하나님을 아는 일로, 하나님을 전적으로 따르지 못했던 사람들은 전적인 따름으로 돌아서는 것이다. "예수 그리스도께 대한 믿음"이라 함은 예수님의 십자가 죽으심과 부활 사건을 통해 주시는 죄 사함과 구원을 의미한다. 칼빈이 말한 것처럼 믿음은 회개를 통해 죄 사함과 구원에 이르게 한다.

고린도후서 7장에 나타난 회개의 중요성

바울은 하나님의 감동으로(딤후 3:16) 기록한 서신서를 통해 회개론의 체계를 정립하지는 않았다. 그는 기록한 모든 서신서에서 '회개하라', '회개'란 용어를 거의 사용하지 않았다. 회개에 대해 가장 자세하게 기록한 성경은 고린도후서 7장이다. 이곳에서 바울의 회개론을 살펴볼 수 있다.

"그러므로 내가 편지로 너희를 근심하게 한 것을 후회하였으나 지금은 후회하지 아니함은 그 편지가 너희로 잠시만 근심하게 한 줄을 앎이라 내가 지금 기뻐함은 너희로 근심하게 한 까닭이 아니요 도리어 너희가 근심함으로 회개함에 이른 까닭이라 너희가 하나님의 뜻대로 근심하게 된 것은 우리에게서 아무 해도 받지 않게 하려 함이라 하나님의 뜻대로 하는 근심은 후회할 것이 없는 구원에 이르게 하는 회개를 이루는 것이요 세상 근심은 사망을 이루는 것이니라"(고후 7:8-10).

회개는 말씀을 통한 근심에서 태어난다

고린도 교회는 예수를 그리스도로 믿은 후에도 대단히 많은 죄를 짓고 있었다. 지도자로 인한 분열과 분쟁, 간음, 세상 법정에 호소한 소송, 결혼과 이혼, 처녀와 과부, 우상의 제물, 우상숭배, 여자의 너울, 성만찬으로 인한 분열과 분쟁, 은사로 인한 분열과 분쟁, 부활에 대한 오해 등 생활과 관련된 죄 그리고 말씀을 벗어난 이단적 문제를 안고 있었다. 바울은 글로에의 가정으로부터 고린도 교회에 관한 소식을 전해 들었다(고전 1:11). 바울은 고린도 교회 성도들에게 그 문제들에 대한 하나님의 뜻을 편지로 써 보냄으로 그 문제들을 해결하기 원했다. 이 편지를 받은 고린도 교회 성도들은 말씀 앞에서 한없이 근심하게 되었다. 근심은 말씀에 비추어 자신들의 삶을 돌아보는 기회를 만들어주었고, 결국 회개를 불러일으켰다.

오늘날 성도들은 세상적, 육신적 근심을 한다. 지극히 인간적인 근심에 빠져 있다. 하나님 말씀 앞에서 하지 않는 근심은 모두 세상에 속한 근심이다. 세상 근심의 종말은 죽음이다. 고린도 교회 성도들은 바울이 써 보낸 말씀 앞에서 하나님의 뜻을 따라 근심했다. 그 결과 그들은 회개하게 되었다.

회개는 구원에 이르는 열매를 맺는다

고린도 교회 성도들은 자신들의 삶을 하나님 앞에 고백했다. 그리고 말씀에서 벗어난 자신들의 삶을 쳐서 말씀에 복종시켰다. 지도자를 중심으로 파당을 형성해 분열하고 분쟁하던 삶을 돌이켜 연합의 삶을 살기 위해 노력하기 시작했다. 아버지와 살던 여인을 자신의 아내로 삼아 살던 음행하던 아들은 말씀 앞에서 자신의 삶을 회개하고 정리했다. 성도 간에 문제가 생기면 세상 법정에 호소해 하나님의 이름을 땅에 떨어뜨리던 믿음의 형제들이 말씀 앞에서 서로 양보하고 희생하며 정직하게 사는 삶의 회복으로 소송의 문제를 풀어갔다. 은사로 말미암아 야기된 문제도 바울의 메시지를 따라 예언하는 자나 방언하는 자나 서로를 높여주고, 무턱대고 예언을 받아들이던 것에서 떠나 분별하여 받아들이고, 예언과 방언하기를 힘쓰며, 은사 사용 문제의 질서를 회복하게 되었다. 이 모든 변화는 하나님의 말씀 앞에서 근심함으로 회개하게 되고, 회개를 통해 불의함에서 돌이켜진 회복의 열매들이다.

바울도 죄로 인해 탄식하며 회개했다

바울은 성경 인물 가운데 누구보다도 죄에 대해 갈등하고 깊은 고민의 길을 걸었던 사람이다. 그는 자신을 너그럽게 바라보지 않았다. 그는 셋째 하늘을 경험했고, 복음을 위해 자신의 목숨을 내던진 하나님의 사람이었지만 죄는 그를 그냥두지 않았다. 끊임없이 죄로 이끌었고 그의 양심을 괴롭혔다.

> "내 속 곧 내 육신에 선한 것이 거하지 아니하는 줄을 아노니 원함은 내게 있으나 선을 행하는 것은 없노라 내가 원하는 바 선은 행하지 아니하고 도리어 원하지 아니하는 바 악을 행하는도다 만일 내가 원하지 아니하는 그것을 하면 이를 행하는 자는 내가 아니요 내 속에 거하는 죄니라 그러므로 내가 한 법을 깨달았노니 곧 선을 행하기 원하는 나에게 악이 함께 있는 것이로다 내 속사람으로는 하나님의 법을 즐거워하되 내 지체 속에서 한 다른 법이 내 마음의 법과 싸워 내 지체 속에 있는 죄의 법으로 나를 사로잡는 것을 보는도다"(롬 7:18-23).

바울은 다메섹 도상에서 특별한 방법으로 회심한 사람이다. 그는 자신을 찾아오신 부활하신 예수님을 직접 만났다. 너무나 강렬한 빛 앞에서 고꾸라졌고, 사흘 동안 보지 못하고 먹지 못했다. 이렇게 특별하게 회심한 사람이라면 죄에서 자유해야 하지 않았을까? 그러나 바울은 자신 안에 자신이 원하지 않는 죄가 있음을 알았다. 자신이 원하는 선뿐만 아니라 악이 함께 있는 것을 보았고 느꼈고 알았다. 바울은 오늘날 그리스도인들이 끊임없이 죄를 지으면서도 무덤덤하게 지나치는 것처럼 자유하지 않았다. 그는 자신 안에 있는 죄의 법이 자신을 사로잡아 하나님을 떠나게 하고, 사망으로 이끌어가는 것 때문에 처절하게 몸부림쳤다. 고통하며 울부짖었다.

"오호라 나는 곤고한 사람이로다 이 사망의 몸에서 누가 나를 건져내랴 우리 주 예수 그리스도로 말미암아 하나님께 감사하리로다 그런즉 내 자신이 마음으로는 하나님의 법을 육신으로는 죄의 법을 섬기노라"(롬 7:24-25).

자신의 죄에 대해 몸부림치면 칠수록 예수 그리스도 외에는 그 죄를 이기게 할 자가 없음을 뼈저리게 느끼게 되었다. 바울은 그것을 깨닫는 것으로 그쳤을까? 그는 철저하게 주님 앞에 나아갔고, 끊임없이 그 죄와 싸웠다. 자신의 죄와 싸우는 데 '회개'가 수반되지 않을 수 없다. 하나님께 자신의 죄를 인정하고 고백하고 성령의 도우심을 받아 삶을 돌이키기 위해 애썼다.

"형제들아 내가 그리스도 예수 우리 주 안에서 가진 바 너희에 대한 나의 자랑을 두고 단언하노니 나는 날마다 죽노라"(고전 15:31).

"미쁘다 모든 사람이 받을 만한 이 말이여 그리스도 예수께서 죄인을 구원하시려고 세상에 임하셨다 하였도다 죄인 중에 내가 괴수니라"(딤전 1:15).

바울은 자신이 죄인 중 괴수라고 정의했다. 그 죄에서 벗어나기 위해 날마다 죽는다고 고백했다. 바울은 어떻게 죄에서 자신을 죽였을까? 그가 하나님과 그분의 말씀 앞에서 고뇌했음에 틀림없다. 고린도 교회에 쓴 편지의 표현을 빌리면 근심하고 또 근심했다. 그리고 회개했다. 바울은 근심으로 시작하여 회개하고, 자신의 죄악 된 삶에서 돌아서는 은혜를 누리게 되었다.

죄로 인한 근심

바울은 하나님의 뜻대로 근심한 것이 회개를 낳기까지 마음의 상태를 상세하게 설명하고 있다.

"보라 하나님의 뜻대로 하게 된 이 근심이 너희로 얼마나 간절하게 하며 얼마나 변증하게 하며 얼마나 분하게 하며 얼마나 두렵게 하며 얼마나 사모하게 하며 얼마나 열심 있게 하며 얼마나 벌하게 하였는가 너희가 그 일에 대하여 일체 너희 자신의 깨끗함을 나타내었느니라"(고후 7:11).

근심은 간절함을 유발한다

나는 회개하면서 이런 이야기를 많이 들었다. "기쁨이 사라졌어요." "하나님을 생각하지 않고 마귀만 생각하게 되었어요." "마음이 점점 무거워지기만 해요." 어떻게 보면 이 모든 표현이 맞다. 그러나 이 말들은 아직 무언가가 부족하다는 것을 보여준다. 고린도 교회 성도들은 바울의 편지를 받고 자신들의 죄를 보았고 근심했다. 그들의 근심은 간절함을 유발시켰다. 무엇에 대한 간절함일까? 하나님의 말씀대로 살고자 하는 간절함일까? 말씀대로 살지 못하는 삶에서 벗어나고자 하는 간절함일까? 신앙인으로서 이렇게 살아서는 안 된다는 간절함일까? 이 질문에 대한 답은 결국 회개에 대한 간절함으로 이해된다. 자신의 죄를 보니 회복해야겠고, 회복하자니 간절히 회개할 수밖에 없다. 근심은 간절한 회개를 유발시킨다. 위에서 상심한 듯 던진 말들은 아직 죄가 얼마나 무서운 것인가를 깨닫지 못했다는 의미이고, 간절히 회개하여 하나님의 죄 용서를 받은 기쁨을 맛보지 못했기 때문에 나오는 말들로 보인다. 회개한 죄를 하나님이 들으시고 용서해주시는 장면을 상상해보라. 죄에 얽매였던 삶에서 돌이켜 새 삶을 살게 되는 장면을 상상해보라. 회개하면서 기쁨이 없을까? 회개하면서 마음이 무거워지기만 할까? 그렇지 않다. 회개는 죄 용서라는 놀라운 기쁨을 선물한다.

근심은 변증하게 한다

근심은 궁극적으로 회개를 통해 구원에 이르게 한다. 구원에 이르는 과정에 간절함을 불러일으키고 또 변증하게 한다. 무엇에 대한 변증일까? 자신의 삶에 대한 변증일까? 자신이 지은 죄에 대한 적당한 변명일까? 둘 다 아닐 것이다. 자신의 삶이 말씀에서 벗어났고, 회개하고 돌이키는 과정에서 말씀이 전적으로 진리였음을 입증하는 변증이었을 것이다. 그렇다. 회개를 하면 할수록, 깊이가 깊어지면 깊어질수록 말씀이 진리인 것을 확인하게 된다. 성도는 회개하고, 용서받으며, 죄악을 돌이키는 회복으로 말씀이 진리인 것을 변증하게 된다.

근심은 죄에 대해 분노를 일으킨다

근심은 말씀 앞에서 성도의 전부를 해부한다. 말씀 앞에 서지 않는 자는 자신이 어떤 사람인가를 깨닫지 못한다. 누가복음 18장에 바리새인과 세리가 성전에 올라가 기도하는 장면이 기록되어 있다.

> "두 사람이 기도하러 성전에 올라가니 하나는 바리새인이요 하나는 세리라 바리새인은 서서 따로 기도하여 이르되 하나님이여 나는 다른 사람들 곧 토색, 불의, 간음을 하는 자들과 같지 아니하고 이 세리와도 같지 아니함을 감사하나이다 나는 이레에 두 번씩 금식하고 또 소득의 십일조를 드리나이다 하고 세리는 멀리 서서 감히 눈을 들어 하늘을 쳐다보지도 못하고 다만 가슴을 치며 이르되 하나님이여 불쌍히 여기소서 나는 죄인이로소이다 하였느니라"(눅 18:10-13).

바리새인은 자신을 의로운 사람이라고 생각했고, 하나님과 말씀 앞에서 자신을 살펴보지 않았다. 곁에 있는 사람과 자신을 비교해서 자신이 어떤 사람인가를 발견했고, 자신의 행위에서 자신이 어떤 사람인가를 찾았다. 그 결과 그는 자신을 의로운 사람이라고 생각했다. 그러나 세리는 하나님 앞에서 자신을 보았다. 거룩하신 하나님 앞에서 자신의 모습을 보니 죄인이었다. 하나님이 불쌍히 여겨주시지 않으면 영원히 죽을 죄인이었다. 근심은 하나님과 말씀 앞에서 자신을 깨닫게 하고, 자기 죄에 대해 분노를 일으킨다. 진정한 회개는 자신의 죄에 대해 분노할 때 시작된다. 거기서 애통함이 터진다.

근심은 말씀 앞에서 두렵게 만든다

고린도 교회 성도들은 대부분 바울로부터 복음을 듣고 믿었다. 회중 가운데 어떤 사람들은 아볼로나 베드로를 통해 복음을 듣고 고린도로 이주해 온 사람들도 있었을 것이다. 그들은 복음의 좋은 소식을 듣고 믿었으면서도 파당을 짓고 분쟁하며 싸웠다. 온갖 죄를 지으며 살았다. 그런데 그들이 바울이 쓴 편지를 받아들였다. 그들은 말씀 앞에서 떨 수밖에 없었다. 특히 고린도전서 5장의 음행한 자는 그 말씀을 받고 두려움에 빠졌을 것이다.

> "주 예수의 이름으로 너희가 내 영과 함께 모여서 우리 주 예수의 능력으로 이런 자[아버지의 아내를 자기 아내로 삼은 자]를 사탄에게 내주었으니 이는 육신은 멸하고 영은 주 예수의 날에 구원을 받게 하려 함이라"(고전 5:4-5).

하나님이 살아계시며 지금도 인생에 역사하시는 분임을 인정하는 자라면 "음행하는 자는 육신을 죽인다"라는 말씀을 받고 어떻게 두려워 떨지 않겠는가? 믿음 없는 자는 말씀을 믿지 않으니 평강을 유지하며 자유할 것이다. 믿는다면 결코 그럴 수 없다. 온갖 죄를 지으면서도 하나님과 말씀을 두려워하지 않는 오늘날 교회에 속한 사람들은 어떤 사람들일까? 종교인일 뿐이다. 믿음은 성도 자신의 죄로 인해 하나님과 말씀 앞에서 두려워 떨게 만들기 때문이다.

근심은 하나님과 말씀을 사모하게 한다

믿는 사람이든 믿지 않는 사람이든 거의 모든 사람이 걱정하며 근심한다. 그렇지 않은 사람이 비정상일 것이다. 성경은 세상 근심의 결과는 죽음이라고 정의했다. 하나님의 뜻을 따라 하는 근심은 하나님과 말씀을 사모하게 한다. 하나님의 뜻 앞에서 자신을 돌아보고 죄를 깨달은 성도는 자신의 약함을 안다. 교만한 사람은 자신이 모든 것을 할 수 있기 때문에 하나님을 바라볼 필요가 없다. 자신이 죄인임을 발견한 성도는 자신의 연약함으로 인해 하나님을 바라보고 하나님을 의지하게 된다. 자신의 연약함을 알기에 말씀만이 자신을 굳게 세워줄 것을 깨닫고 말씀을 사모하게 된다. 하나님의 뜻 안에서 하는 근심은 전적으로 하나님을 의지하게 하고 말씀을 사모하게 한다. 시편 기자는 복이 있는 사람은 "그의 율법을 주야로 묵상하는 자"(시 1:2하)라고 했다. 하나님의 말씀을 되새김질하며 묵상하면 자연스럽게 하나님께 집중하고 하나님을 사모하게 된다.

근심은 하나님 앞에서 열심을 내게 한다

사람이 죄를 지었다는 것은 하나님의 면전을 떠났다는 뜻이다. 하나님을 떠났고 말씀을 버린 채 자신이 주인이 되어 자신의 뜻대로, 자신의 가치관대로, 자신의 경험대로 살았다는 것을 의미한다. 오늘날 교회에 출석하는 대부분의 사람이 그렇게 살고 있지 않을까? 어떤 신자가 말씀에 근거해 어떤 문제를 생각하고, 말씀에 근거해 모든 과정을 풀어가며, 말씀에 입각한 판단을 해서 최종적인 결론을 내릴까? 오래전 이야기이지만 실례를 들어보겠다. 내가 30대 시절 대학청년부를 지도할 때 주일마다 형제자매를 만나면 "이번 주에 가정에 어떤 일이 있었는가? 부모님들이 그 문제를 어떻게 해결하셨는가?"라고 질문했었다. 그러면 돌아오는 대답은 항상 같았다. "부모님들의 해결책은 성경과 아무런 상관이 없어요." 처음에는 마음이 심란했다. 그러나 반복되는 질문 앞에 자신들의 삶을 말씀과 연결시키는 성숙함을 볼 수 있었다. 말씀에 비추어 옛 사람을 벗어버리고 새사람을 입게 되면 자연스럽게 하나님과 교회를 향한 열심을 회복하게 되고 열심을 내게 되어 있다.

근심은 죄에 대한 벌을 받게 한다

　요즘 사람들은 예수를 너무 쉽게 믿는다. 예수를 영접하기만 하면 모든 죄를 사함 받기 때문에 죄에 대해 근심할 필요도 없고, 죄로 인한 형벌에서 자유롭다고 여긴다. 고린도 교회 성도들은 바울이 전한 복음을 듣고 신앙생활을 했다. 바울은 최소 1년 6개월 동안 고린도 지역에 머물렀다(행 18:11). 고린도 교회 성도들은 복음을 충분히 듣고 배워서 알았다. 복음이 베푼 그 은혜를 따라 신앙생활을 했다. 세월이 오래지 않아 교회와 성도들에게 여러 가지 문제가 일어났다. 그들은 바울의 서신을 받고 자신들의 죄가 무엇인지 알게 되었다. 하나님과 말씀을 떠난 자신들의 죄 때문에 근심하고 또 근심했다. 고린도 교회 성도들이 한 근심은 곧 죄로 인한 벌이었다. 하나님과 말씀을 떠나서 산 죄는 당연히 고통의 벌을 불러와야 한다. 때로는 실제 생활에서도 그 벌이 나타나야 한다. 그러나 오늘날 교회를 다니는 신자들은 이에 대해 무관심하다. 어떤 죄를 지어도 하나님의 벌은 자신들과 상관없는 이야기로 여긴다. 이러한 신앙인의 삶은 성경과 상관이 없다. 성도라면 죄로 인한 고통의 벌을 받아야 한다. 그 고통은 회개를 불러오고 삶을 돌이켜 구원에 이르게 한다.

회개의 열매는 불의에서 떠나는 것이다

　요한일서 1장 9절은 "죄를 자백하면(가정법 현재 1인칭 복수)…죄를 사하시며(가정법 현재 3인칭 단수)…모든 불의에서 깨끗하게 하실 것이요(가정법 과거 3인칭 단수)"라고 말씀한다. 그런데 자세히 살펴보면 놀라운 사실을 발견하게 된다. 가정법 구문이기 때문에 내가 "죄를 자백하면" 하나님은 "나의 죄를 사해주시고" 또 "불의에서 돌아서게 해주신다"라고 말씀하고 있다. 만약 내가 죄를 자백하지 않으면 어떻게 되는 것일까? 하나님도 내 죄를 사하지 않으신다. 불의에서 깨끗하게 해주시지 않는다. 두렵고 떨리는 말씀이다. 예수 믿는다고 자동적으로 죄가 사해지지 않고, 불의에서 돌아서 깨끗하게 되지 않는다. 이 진리의 말씀은 나를 비롯해 모든 그리스도인에게서 대단히 분명하게 입증되고 있다. 예수 믿는다고 죄가 사해졌다면 교인들의 모습과 삶이 이래서는 안 된다. 어떻게 죄를 사함 받았는데 죄악된 생활을 하는 것이 당연할 수 있겠는가? 회개를 통해 하나님의 죄 사함을 받아야 열매를 맺게 된다. 마음에 가진 상처들도 치유 받고, 잘못된 생활습관도 고치게 된다. 죄악 된 생활에서 돌이켜 하나님이 기뻐하시는 삶을 살게 된다. 회개는 이 열매를 맺게 한다.

성경은 하나님의 뜻을 따른 근심이 회개를 낳고, 회개는 죄 사함과 불의에서 깨끗하게 되는 구원을 이룬다고 가르친다. 오늘날 교회와 성도가 이 말씀을 믿지 않기 때문에, 또한 신학적 견해에 따라 성경 자체를 부인하기 때문에 회개하지 않는다. 회개하지 않으므로 죄 사함도 없다. 죄 사함 받지 못하기에 불의로부터 돌이키는 삶도 없다. 오늘날 교회에 대한 세상의 평가는 교회와 성도들에게 당연한 귀결이다. 진리를 버리고 떠났으니 "교회는 암적인 존재"라는 평가를 받는 열매를 보여주고 있는 것이다.

나는 50여 년의 역사를 가진 전통적인 교회에 부임한 후 교회 주변의 가정들에게 인사를 다녔다. 세 가정을 다녔는데 두 가정은 시큰둥한 태도로 대했고, 한 가정은 아예 인사도 받지 않고 욕설을 했다. 그러나 아내는 부지런히 그들을 섬겼고 머지않아 적군이 아군으로 돌아섰다. 그들은 욕하던 교회의 홍보대사로 활동했다. 섬김의 열매를 맺은 것이다. 회개의 열매는 불의에서 떠나게 하고, 빛과 소금의 열매를 맺게 한다.

바울이 말하는 회개의 단계(회개론)

바울은 고린도 교회에 보낸 서신에서 회개의 과정을 몇 단계로 밝히고 있다.

첫 번째 단계는 하나님과 말씀 앞에서 자신을 부지런히 살펴야 한다. 회개가 일어나기 이전에 말씀 앞에서 자신을 살펴보는 과정이 선행되어야 한다. 이미 앞에서도 말했지만 하나님과 말씀 앞에서 자신을 살펴보지 않으면 자신의 죄를 깨달을 수 없다. 성전에 기도하러 올라간 바리새인은 주변 사람들과 비교하며 자신을 살폈다. 자신의 종교생활을 통해 자신을 살폈다. 이런 과정을 통해서는 회개가 일어나지 않는다. 회개할 것이 없다. 고린도 교회 성도들과 세리처럼 하나님과 말씀 앞에서 자신을 살펴야 죄를 깨닫게 된다. 죄를 깨달아야 다음 단계로 나아갈 수 있다.

두 번째 단계는 하나님과 말씀 앞에서 근심의 과정을 거쳐야 한다. 하나님과 말씀 앞에서 자신을 살피지 않으면 자신에 대해 자랑할 것과 드러낼 것이 많아진다. 그러나 하나님과 말씀 앞에 서면 하나에서 열까지 모두 죄만 보이게 마련이다. 하나님의 자녀로서 자신감은 아무런 문제가 없다. 문제는 자신감이 교만으로 나타나고 있다는 점이다. 하나님은 교만한 자를 대적하시기에 교만한 사람은 하나님을 적으로 둔 사람이다. 이러한 자신을 발견하게 되면 죄악 된 삶으로 인해 근심하게 된다. 이렇게 한탄하게 된다.

"이 죄를 어떻게 하면 좋을까?"
"예수님이 내 죄를 용서해주시려고 십자가를 지셨는데…이 죄를 어찌 해야 하는가."

근심하며 고통했던 바울의 소리를 들어보라.

> "내 속사람으로는 하나님의 법을 즐거워하되 내 지체 속에서 한 다른 법이 내 마음의 법과 싸워 내 지체 속에 있는 죄의 법으로 나를 사로잡는 것을 보는도다 오호라 나는 곤고한 사람이로다 이 사망의 몸에서 누가 나를 건져내랴"(롬 7:22-24).

죄를 깨닫지 못한 사람이야 자신만만할 수 있지만 죄를 보고 깨달은 사람이 어찌 탄식하지 않을 수 있겠는가? 죄인이 죄를 보고 깨닫고 하나님께 토해내는 고통이 바로 근심이다. 이 근심의 과정을 거쳐야 회개가 터져 나온다.

세 번째 단계는 자신의 죄를 토설하는 회개의 단계를 가져야 한다. 오늘날 흔히 사용하는 '은혜 받았다'라는 말 속에는 어떤 마음이 담겨 있는 것일까?

첫째, 새로운 지식이었다.
둘째, 이전과는 다른 형태로 말씀이 다가왔다.
셋째, 자신의 상황에 대한 어루만짐이 있었다.
넷째, 자신의 마음을 어떤 형태로든 감동하게 했다.
다섯째, 말씀을 듣던 중 자신도 잘 모르는 무언가가 일어났다.
'은혜 받았다'가 이런 의미를 가졌다고 한다면, 이 받은 은혜가 성도 개인에게 어떤 유익함이 있을까? 메말랐던 감정에 단비가 내렸고, 닫혔던 마음이 조금 열린 은혜를 누리게 된 것이다. 이 은혜가 성도 개인을 어떤 방향으로 나아가게 할까? 물론 각 개인에 따라 나타나는 양상은 다를 것이다. 오늘날의 사회가 교회와 성도를 평가하는 내용을 기준으로 결론을 내린다면 긍정적인 방향으로 나아간 것은 아닌 것 같다. 말씀을 전한 목회자나 그 말씀을 들은 성도들이 성경 말씀이 원하는 방향으로 살았다면 어떤 형태로든 사회에 긍정적인 영향을 미쳤을 것이지, 부정적인 영향을 미치지는 않았을 것이다. 그렇다면 무엇이 문제인가? 진정한 삶을 돌아보는 기회가 없었고, 유익하지 못한 삶에서 돌아서고자 하는 부단한 노력이 없었다는 의미가 아닐까? 한 마디로 진실하고 진정된 회개가 없었던 것이다. 바울은 "불의에서 깨끗하게 하시는 신실하고 의로우신 하나님"을 소개했다. 하나님은 성도가 말씀에 감동을 받았기 때문에 죄를 사해주시고 불의에서 돌이켜주시지 않는다. 하나님은 성도가 말씀 앞에서 자신의 죄악 된 삶을 통회하고 자백하며 그 죄로부터 자유케 되기를 진심으로 원하여 회개할 때 불의에서 깨끗하게 해주신다. 이 은혜의 과정 가운데 현재 교회와 성도들에게 회개함으로 자신의 죄를 토설하는 단계가 있는가?

네 번째 단계는 앞의 세 단계로 인한 결과를 반드시 열매로 맺어야 한다. 하나님과 말씀 앞에서 자신의 삶을 비추어 무엇이 문제인가를 깨닫게 되면 근심하게 된다. 말씀을 따라 근심하게 된다. 하나님의 뜻을 따라 하는 근심은 회개의 자리로 나아가게 한다. 자신이 말씀을 떠나 사는 삶을 애통해한다. 말씀을 거역하며 사는 자신의 삶에 분노한다. 하나님께 자신의 죄악 된 삶을 통회하며 회개한다. 그 죄악 된 삶에서 떠나기를 간구한다. 회개는 구원에 이르게 한다.

바울이 말하는 '구원'(σωτηρία, 소테리아)은 무슨 의미일까? 소테리아는 여러 가지 의미가 있지만 바울은 '하나님과의 관계' 측면에서 이 용어를 사용하고 있다. 회개가 구원에 이르게 한다는 것은 하나님과 성도의 관계가 정상적으로 회복되었다는 의미이다. 성도가 말씀을 떠나 살면 당연히 하나님과의 관계가 일그러진다. 성도가 말씀 앞에서 자신의 삶을 비추어보고, 근심하는 과정을 거치고 회개하여 말씀이 원하는 방향으로 돌이키게 되면 하나님과 정상적인 관계를 회복하게 된다. 하나님과 동행하는 삶을 살게 된다. 이것이 회개의 열매이다. 이 열매를 맺는 것이 성경적인 신앙생활이다. 지속적으로 열매를 맺고, 자라게 하며, 익게 하는 것이 성경적인 신앙생활의 결과이다.

과연 오늘날 교회와 성도들에게 이런 열매가 있는가? 싹이라도 보인다면 정말 다행이라는 생각이 든다. 이러한 열매가 맺어지지 않는 원인은 말씀 앞에서 근심하지 않기 때문이고, 회개하지 않기 때문이다. 그렇기 때문에 하나님이 용서해주시는 죄 사함이 없고, 불의에서 돌이키는 삶이 없다. 만일 하나님의 용서와 불의에서 깨끗하게 해주시는 행위가 내게 일어나지 않는데 내가 변화하고 성숙하여 열매를 맺는다면 성경은 진리가 아니다. 성경이 진리이기 때문에 그 열매가 맺히지 않는 것이다.

12장 요한계시록에 나타난 회개의 중요성과 필요성

요한 사도는 자신이 요한복음에서 정의한 믿음[1]이 어떤 것인가를 요한계시록에서 보여주고 있다. 요한복음은 "믿으면 영생을 얻고, 믿으면 구원을 받는다"는 것처럼 이해되고 있다.[2] 요한복음에서 말하는 "…그 이름을 믿는 자들에게는 하나님의 자녀가 되는 권세를 주셨으니"라는 말씀이 오늘날 교회가 "믿는 자가 구원을 받았다"고 이해하는 것처럼 말하고 있다면 요한계시록은 보통 문제를 안고 있는 책이 아니다. 왜냐하면 요한계시록은 "믿으면 구원받는다. 혹은 믿으면 구원받았다"라고 전혀 말씀하지

---

[1] 요한복음에는 "믿다"는 동사형 단어가 98회 등장한다. 단 한 번도 명사형으로 사용되지 않았다. "믿다"는 상태가 어떠한지를 강조하여 설명해주고 있다고 볼 수 있다. 예를 들면 요한복음 1장 12절의 "믿는 자들에게"는 '동사 분사형'이다. 영어의 진행형에 해당하는 시제이다. 그러므로 직역하면 "믿고 있는 자들에게"이다.

[2] 요한복음 1:12; 3:16; 5:24-25 등을 통해서 "믿는 자는 영생을 얻는다" "믿는 자는 구원을 얻는다" 등으로 이해하고 있다. 더 나아가 "믿는 자는 구원받았다"고까지 말한다.

않기 때문이다. 오히려 말씀에서 벗어나 죄악 된 삶을 살고 있는 자들을 대하여 "회개하여 돌이키라!"라고 말씀하고 있다. "회개하여 돌이키지 않으면 촛대를 옮긴다"라고 선언하고 있다. 이 말씀은 "회개의 열매를 맺지 않으면 지옥에 간다"라는 말씀과 동일한 의미이다. 소아시아 일곱 교회 중 두 곳을 제외한 다섯 교회에 "회개하라!"는 말씀이 등장한다. 다섯 교회가 가진 공통분모는 "회개하지 않으면 하나님께 버림받는다"라는 것이다. 이 말씀을 보다 자세하게 살펴보자.

회개하지 않으면 촛대를 그 자리에서 옮기리라

에베소 교회는 오늘날 어떤 교회와 성도들도 흉내낼 수 없는 신앙생활을 했다. 예수님은 그들의 행위를 인정하셨다. 그들의 수고도 인정하셨다. 그들의 인내를 알고 계셨고, 악한 자들을 용납하지 않은 것도 알고 계셨다. 또한 자칭 사도라 하는 자들을 시험하여 그들의 거짓됨을 밝히 드러냈고, 그들이 예수님을 위해 모든 것을 참았고, 예수님의 이름을 위해 견디며 게으르지 않았다는 것을 모두 알고 계셨다. 에베소 교회가 잘못한 것은 단 하나 "처음 사랑을 잃어버린 것"뿐이었다. 이로 인해 앞에 언급된 모든 삶은 무용지물이 되었다. 주님은 앞에서 언급된 내용들을 보시고 그들을 격려하거나 칭찬하지 않으셨다. 그들이 잃어버린 처음 사랑으로 인해 심판을 선포하셨다. 위에서 언급했지만 오늘날 전 세계 모든 교회와 성도들 가운데 에베소 교회와 성도들처럼 신앙생활을 하는 사람이 있을까? 지극히 제한된 사람들만 그들처럼 신앙생활을 한다는 것이 맞을 것이다. 그렇다면 극히 제한된 교회와 성도들을 제외한 모든 교인이 하나님의 심판을 받을 것이다.

어떻게 하면 심판을 받지 않을 수 있을까? 이에 대한 예수님의 제안은 믿음이 아니다. 칼빈의 정의에 따르면 "회개는 믿음에서 태어난다." 그렇게 보았을 때 "믿음은 반드시 회개를 불러일으킨다"는 전제에서만 예수님의 제안이 믿음이라고 확대 해석할 수 있다. 그 외의 어떤 경우도 예수님의 제안을 믿음이라고 정의할 수 없다. 예수님은 에베소 교회의 문제 해결의 열쇠로 오직 "회개하라!"고 제안하셨다. 회개만이 반드시 임하게 될 하나님의 심판에서 벗어나게 한다. 하나님의 심판을 받으면 촛대가 옮겨진다. 촛대가 옮겨지면 하나님과의 관계가 끊어진다. 하나님과의 관계가 끊어지면 지옥에 갈 수밖에 없다. 이렇게 보면 회개는 구원의 조건에 속한다. 그것도 입술의 고백으로만 회개해서는 안 된다. 회개하고 돌이켜 첫사랑을 회복하는 길만이 유일하게 하나님과의 관계를 회복하는 방법이다. 회개하여 합당한 열매를 맺는 것이 구원의 조건이다. 이것은 세례 요한의 메시지와 동일하다. 나는 이렇게 성경을 해석해놓고 스스로 두려워 떨고 있다. 더 철저히 회개하고 합당한 열매를 맺어야겠다는 생각뿐이다.

회개하지 않으면 예수님이 행음하는 자들과 싸우실 것이다

버가모 교회는 그들의 삶의 기반이 사탄의 권좌에 있었다. 그들은 예수 그리스도의 이름을 굳게 붙잡고 충성된 성도가 순교당할 때도 믿음을 배반하지 않았다. 순교당할 때도 믿음을 저버리지 않았던 버가모 교회 성도들 가운데 우상의 제물을 먹는 자들과 행음하는 자들이 있었다. 이들은 발람의 교훈을 따르는 자들이고, 니골라 당의 교훈을 지키는 자들이다. 예수님은 이들이 회개하지 않으면 자신이 직접 그들과 싸우시겠다고 선포하신다. 예수님이 직접 우상의 제물을 먹는 자들과 싸우시고, 행음하는 자들과 싸우시면 어떻게 될까? 그들은 다 멸망당할 것이다. 죄악 된 사람들이 회복할 수 있는 유일한 길은 자신들의 죄를 인정하고, 고백하며, 돌아서는 회개뿐이다. 예수님이 적이 되어 싸우신다면 그 결과는 뻔한 것 아니겠는가? 물론 그리스도를 믿는 믿음이 있어야 회개할 수 있다. 그러나 귀를 기울여야 할 것은 믿는다 할지라도 죄악 된 삶을 계속 유지하면 심판의 종말을 맞이할 수밖에 없다는 것이다. 물론 인간이 하나님처럼 완전하게 거룩해질 수 없지만 하나님처럼 거룩해지려는 결단이 있어야 한다. 이것이 믿음이 있는 성도의 자세이다. 성경은 믿음이 있다고 하면서도 자기 마음대로 온갖 죄를 짓고, 또 그 죄를 근심하지 않는 사람을 심판하신다고 말한다. 예수님이 적이 되어 싸우신다. 그러므로 나의 죄를 용서받고 그 죄악에서 돌이키기 위해 회개해야 한다.

회개하지 않는 자와 그의 자녀를 죽일 것이다

예수님은 두아디라 교회 성도들의 사업과 사랑, 믿음과 섬김, 인내를 아신다고 하셨다. 그들의 신앙생활은 처음보다 나중이 창대했다. 쉽지 않지만 두아디라 교회 성도들은 처음보다 나중에 더 인정받는 삶을 살았다. 그런 그들에게도 버가모 교회처럼 행음하고 우상의 제물을 먹는 죄악 된 삶이 지도자들을 삼키고 있었다. 예수님은 그들에게 회개할 기회를 주셨으나 그들이 회개하지 않는다고 결론지으셨다. 예수님은 우상의 제물을 먹고 행음하는 자에게 회개할 기회를 주었으나 회개하지 않았으므로 그를 침상에 던진다고 말씀하신다. 또 그 교인과 더불어 간음하는 자들도 회개하지 않으면 큰 환난 가운데 던지고 그의 자녀들을 죽인다고 단언하신다. 예수님은 온 교회와 사람들이 '예수님은 사람의 뜻과 마음을 살피시는 분이다'라는 사실을 알기 원하신다.

요한 사도는 결코 "믿음이 있으면 안전하다"라고 말하지 않는다. 죄악된 생활에서 떠나야 안전하다고 말씀한다. 종말의 때에 사탄의 유혹에 넘어가 죄악 된 삶을 사는 자들은 용서받지 못한다. 믿음이 있다고 문제가 해결되지 않는다. 자신이 가진 믿음에서 탄생하는 회개의 기능을 발휘해야 한다. 죄악 된 삶을 회개하고 용서받고, 그 죄악에서 돌이켜야 안전하게 된다. 죄를 짓고 있는 동안은 어떤 믿음도 그를 안전하게 지켜주지 못한다. 하나님은 죄를 짓는 그리스도인들을 위해 '회개'라는 죄 용서의 도구를 주셨다. 믿음을 가진 모든 그리스도인은 이것을 활용하여 죄 용서를 받아야 한다. 죄를 쌓아가는 것은 자살 행위에 해당한다. 그러면서도 '믿으면 구원받고 천국에 간다'고 믿는 것은 성경을 벗어난 일이고, 믿음이 아니다.

회개하지 않으면 도적같이 오셔서 심판하실 것이다

소아시아 일곱 교회 가운데 사데 교회는 예수님에 의해 가장 크게 책망받은 교회 중 하나이다. 예수님은 사데 교회를 향해 단 한 마디의 칭찬도 하지 않으셨다. 예수님은 "내가 네 행위를 아노니 네가 살았다 하는 이름은 가졌으나 죽은 자로다"(계 3:1)라고 진단하셨다. 나는 사데 교회의 모습에서 오늘날 한국교회의 모습을 지울 수가 없다. 스스로 살았다고 생각하지만 교회의 분위기, 교인들의 신앙생활 등 여러 모습에서 죽어 있다. 예수님은 사데 교회를 향하여 "내가 하나님 앞에서 네 행위의 온전한 것을 찾지 못했다"라고 선포하시며 "일깨어 그 남은 바 죽게 된 것을 굳건하게 하라!"라고 명령하신다. 굳건하게 하는 방법은 '어떻게 들었는지 생각하고 그것을 지켜 회개하는 것'이다. 다른 방법은 없다. 회개하지 않고 돌이키지 않으면 죽은 자리에서 벗어날 수 없다. 예수님은 사데 교회가 회개하지 않으면 도적같이 임하여 심판하신다고 말씀하신다. 예수님이 심판하시면 생명책에서 이름이 지워진다. 회개하고 돌이켜 이기는 자의 이름을 생명책에서 지우지 않으신다는 것은 그 반대의 경우 지우신다는 뜻이다. 회개하여 돌이키지 않으면 지옥에 간다.

당신은 어떻게 생각하는가? 한국교회와 성도들이 살아 있다고 생각하는가? 살아 있지는 못할지라도 살려고 노력하고 있다고 생각하는가? 아니면 램프가 켜진 시험관 속에서 "아, 시원하다"라고 외치는 개구리처럼 서서히 죽어가고 있다고 생각하는가? 죽어가는 자리에서 살 수 있는 유일한 방법은 회개하여 돌이키는 것이다.

책망하며 징계하노니 열심을 내어 회개하라

소아시아 일곱 교회 가운데 자신들의 신앙생활을 가장 심각하게 잘못 판단한 교회 중 하나가 라오디게아 교회이다. 그들은 스스로 부자라고 생각했다. 스스로 부족한 것이 없다고 판단했다. 스스로 곤고한 것이 없다고 생각했고, 가련하지 않다고 생각했으며, 눈멀지 않았다고 생각했고, 벌거벗지 않았다고 생각했다. 그러나 주님은 그 생각과 반대의 모습이 그들이라고 지적하시면서 혹독하게 책망하신다. "네가 이같이 미지근하여 뜨겁지도 아니하고 차지도 아니하니 내 입에서 너를 토하여 버리리라." 예수님은 그들에게 다른 교회들과 달리 "열심을 내라! 회개하라!"라고 요구하셨다. 예수님을 믿음으로 구원 받고, 예수님을 믿음으로 자동으로 천국에 간다면 예수님은 이러한 요구를 하지 않으셨을 것이다. 한국교회와 성도들도 어쩌면 라오디게아 교회처럼 크게 착각하고 있는 것은 아닐까? 라오디게아 교회가 자신들의 신앙생활에 대해 착각했다면 한국교회는 구원과 신앙생활 자체에 대해 크게 착각하고 있는 것이다. 죄악은 회개해야 그 죄를 사함 받고 돌이킬 수 있다.

이기는 자는 둘째 사망의 해를 받지 않을 것이다

서머나 교회는 극한 상황에서 생존한 교회이다. 그들은 계속해서 환난을 겪었다. 그들은 평생 궁핍함 속에서 신앙생활을 했다. 유대인들의 비방 가운데서 신앙생활을 했다. 예수님이 직접 설명하셨듯이 "사탄의 회당"의 비방 가운데서 신앙생활을 했다. 그들은 장차 마귀의 궤계로 인해 몇 사람이 감옥에 갇히게 되고, 십일 동안 환난을 받게 될 것이다. 예수님은 요한 사도를 통해서 버가모 교회의 상황을 진단하셨다. 예수님은 그만큼 하면 되었다고 말씀하지 않으셨다. 도리어 "죽도록 충성하라 그리하면 내가 생명의 면류관을 네게 주리라"(계 2:10)라고 말씀하셨다. 장차 맞이할 환난 가운데서 죽음이라도 불사하는 것이 "이기는 자"이다. 이기는 자가 들어갈 곳은 하늘나라이다. 왜냐하면 "이기는 자는 둘째 사망의 해를 받지 아니하리라"(계 2:11)라고 말씀하셨기 때문이다. 이기지 못하면 둘째 사망의

해를 받게 된다. 믿는 자가 둘째 사망의 해를 받지 않는 것이 아니라 장차 마귀의 궤계로 옥에 갇혀 환난을 당할지라도 죽도록 충성해 승리하는 자가 둘째 사망의 해를 받지 않는다는 것이다. "믿으면 천국 간다"는 말과는 너무 차이가 크다.

이기는 자는 하나님의 성전의 기둥이 되게 하실 것이다

소아시아 일곱 교회 가운데 예수님께로부터 전적으로 인정받은 교회 중 하나는 빌라델비아 교회이다. 빌라델비아 교회는 작은 능력을 갖고서도 예수님의 말씀을 지키고 예수님의 이름을 배반하지 않은 교회이다. 예수님은 여러 가지 약속을 해주셨다. 거짓말하는 자들 가운데 몇 사람을 빌라델비아 교회 성도들의 발 앞에 나와 절하게 하여 예수님이 교회와 성도들을 사랑하심을 증거하게 해주신다고 약속하셨다. 또한 예수님이 빌라델비아 교회와 성도들을 지키셔서 시험의 때를 면하게 해주신다고 약속하셨다. 예수님은 그들에게 단지 "네가 가진 것을 굳게 잡아 아무도 네 면류관을 빼앗지 못하게 하라"(계 3:11)고만 당부하신다. 큰 믿음도 큰 능력도 아닌 작은 믿음과 능력을 갖고서도 예수님의 말씀을 지킨 빌라델비아 교회는 오늘날 한국교회와 그리스도인들이 본받아야 할 교회이다.

작은 믿음과 능력을 '복을 달라, 치유해달라, 문제를 해결해달라'는 기복신앙에 사용하지 않고 예수님이 하신 말씀을 지키는 데 사용해야 한다. 믿음으로 구원받는다고 말하면서 온갖 죄를 짓고 있는 한국교회와 신자들은 빌라델비아 교회를 신앙생활의 모델로 삼아야 한다.

작은 믿음과 능력을 갖고서도 예수님의 이름을 배반하지 않은 산 빌라델비아 교회의 모습 또한 한국교회와 그리스도인들의 모범이다. 빌라델비아 교회의 성도들은 예수님의 이름을 배반하지 않았다. 오늘날 한국교회와 성도들은 시도 때도 없이 예수님의 이름을 배반하고 있다. 아마도 내게 반문할 것이다. 우리가 언제 시도 때도 없이 예수님의 이름을 배반했느냐고 말이다. 예수님의 말씀에 근거하지 않은 모든 생각의 시작은 예수님의 이름을 배반하는 것이다. 예수님의 말씀에 근거하지 않은 판단 또한 예수님의 이름을 배반하는 것이다. 신앙생활 가운데 짓는 크고 작은 모든 죄 또한 예수님의 이름을 배반하는 것이다. 사람을 죽여야만 예수님을 배반하는 것이 아니다. 형제를 미워하고 욕하는 것 자체가 예수님을 배반하는 것이다. 빌라델비아 교회와 성도들에게는 회개할 것이 없었다. 작은 믿음과 능력으로 하는 신앙생활을 굳게 잡고 놓치지만 않으면 된다. 한국교회와 성도들은 그렇지 못하기에 회개하고 돌이켜야 한다.

요한계시록이 종말을 대비하기 위해 쓰인 책이라면 우리는 일점일획도 더하거나 빼서는 안 된다. 만일 그렇게 한다면 주님이 말씀하신 대로 이루어질 것이다.

> "내가 이 두루마리의 예언의 말씀을 듣는 모든 사람에게 증언하노니 만일 누구든지 이것들 외에 더하면 하나님이 이 두루마리에 기록된 재앙들을 그에게 더하실 것이요 만일 누구든지 이 두루마리의 예언의 말씀에서 제하여 버리면 하나님이 이 두루마리에 기록된 생명나무와 및 거룩한 성에 참여함을 제하여 버리시리라"(계 22:18-19).

주님이 하신 말씀에 더하는 자는 요한계시록에 기록된 재앙을 그들에게 더하실 것이다. 주님이 하신 말씀을 제하는 자는 이 두루마리에 기록된 생명나무와 거룩한 성에 참여하지 못할 것이다. 나는 이 말씀이 진리인 것을 알기에 그대로 될 것이라 확신한다. 깨어 근신하며 날마다 하나님과 말씀 앞에서 자신의 삶을 돌아보고 회개하며 살아야 한다.

요한계시록이 말하는 회개의 중요성

지금까지 요한계시록 가운데 소아시아 일곱 교회를 향한 메시지에 대해 성경을 해석하지 않고 있는 표현 그대로를 가지고 살펴보았다. 두 가지 사실을 발견할 수 있었다.

첫째, 예수님은 책망 받을 것이 없는 교회와 성도들을 향해서는 "회개하라!"고 선포하지 않으셨다. 예수님은 그들에게 현재 신앙생활에 더 충성하고 더 분발하라고 말씀하셨다. 그들은 격려와 함께 이기는 자는 둘째 사망의 해를 받지 않고, 하나님의 성전의 기둥이 된다는 약속을 받았다.

둘째, 예수님은 하나님의 말씀을 떠나 예수의 이름을 배반하며 사는 교회와 성도들을 향해 "회개하라! 돌이키라!"고 명령하셨다. 만약 회개하지 않고 돌이키지 않으면 그들에게서 촛대가 옮겨지고, 둘째 사망에 처하게 되며, 생명책에서 이름을 제하시겠다고 말씀하셨다.

예수님이 소아시아 일곱 교회를 향하여 메시지를 전달하시면서 사용하신 독특한 표현이 있다.

"귀 있는 자는 성령이 교회들에게 하시는 말씀을 들을지어다"(계 2:7, 11, 17상, 29; 3:6, 13, 22).

단 한 교회도 예외 없이 선포된 말씀이다. 소아시아 일곱 교회를 향한 말씀은 아무나 들을 수 없다. '영적인 귀가 열린 성도'만이 들을 수 있는 말씀이다. 오늘날 성령의 음성을 듣는 것이 신비주의라고 생각하는 모든 사람은 이 말씀을 들을 수 없을 것이다. 또한 말도 안 되는 소리라며 반문할 사람들도 있을 것이다. 이미 말씀으로 기록되었는데 왜 못 듣느냐고 할 것이다. 착각하지 말라. 성령이 교회들에게 하신 말씀을 기록된 문자 그대로 믿지 않는 것은 이미 성령의 음성을 듣지 못하는 것이다. 나는 간절히 소원한다. 성령이 교회들에게 하시는 말씀을 들었거든 '예수 믿으면 구원받고 천국에 간다'고 안주하지 말고 '하나님과 말씀 앞에 서서 자신을 비춰보고 철저하게 회개하여 죄악 된 삶에서 돌이켜라.' 그것이 성도가 구원에 참여하고 천국에 갈 수 있는 유일한 길이다. 왜냐하면 예수를 믿는다는 말 속에는 하나님과 말씀 앞에서 자신을 돌아보며 끊임없이 회개하고 돌이킨다는 뜻이 포함되어 있기 때문이다. 칼빈과 개혁주의 신학자들은 이것을 가리켜 "성화"라고 했다. 칼빈은 특히 "그리스도와 연합"이라고 묘사했다.

칭의 받았다는 것은 곧 성화의 길을 가는 것을 의미하고, 그리스도와 연합의 길로 가는 것을 의미한다. '칭의'를 독립시켜 믿는 것은 성경과 개혁주의 신학이 아니다. 요한계시록의 "이기는 자"는 '죄악 된 삶을 회개하여 돌이켜 승리한 성도'를 가리키는 용어이다. 하나님과 말씀 앞에서 자신을 돌아보고, 말씀에서 떠난 삶을 회개하여 하나님의 용서를 받고 죄악 된 삶을 돌이키는 성도는 이기는 자이다. 회개 없이 이기는 자가 될 수 없다.

13장 죄를 깨닫게 하시고 회개로 이끄시는 보혜사 성령님

우리가 잘 알고 있듯이 예수님의 십자가 사역을 사람에게 적용하시는 분은 성령님이시다. 물론 이것은 구원과 관련된 성령님의 사역이다. 성령님의 사역은 구원에 한정되지 않는다. 성령님의 사역은 다양한 영역에서 이루어진다. 그 중에서도 죄에 대한 성령님의 역할을 살펴보기로 하자. 성령님이 죄와 죄인에 대해 어떤 역할을 하시는지 알게 된다면 한국교회와 성도 사이에 왜곡된 교리가 일부분 회복될 수 있을 것이다. 우리는 성령님이라고 말할 때 구약성경에서도 당연히 삼위일체의 한 위격에 속하는 성령님을 생각한다. 그것은 21세기 시각에서 바라본 것이지 구약성경이 말하는 입장은 아니다. 그러므로 성령님을 논할 때 21세기 시각에서 바라본 구약성경의 성령님이 아니라 구약성경이 말하는 성령님을 살펴보는 것이 이 장을 서술하는 데 도움이 될 것이다.

구약성경이 말하는 하나님의 영은 하나님의 본질이다

"하나님의 영", "하나님의 신", "주의 영"이란 말은 구약성경 여러 곳에서 반복하여 언급되고 있다. 우리는 성령님을 성부와 성자와 구별되는 인격으로 보지만 구약성경은 결코 그렇지 않다. 다시 말하면 그리스도인들은 하나님의 영이나 성령을 당연히 삼위일체 중 삼위로 생각한다. 그리고 그것은 오순절 사건을 통해 입증되었다. 그러나 구약성경에서 "영"이라고 할 때는 "거룩하다"(시 51:11)라는 뜻이었다. 특히 "주의 영"이라고 할 때 "영"(루아흐)은 독립된 언어가 아니라 "주"(코데쉬)와 합성어를 이룬다. "주"는 '분리됨, 거룩함, 신성함'을 의미한다. 그 영이 하나님께 속하고 거룩한 하나님으로부터 비롯되었기에 "거룩하다"라는 뜻을 갖고 있다. 이 거룩한 영은 생명의 원동력으로서 하나님의 본질이다. 하나님 아버지로부터 나오는 이 생명의 원동력은 모든 피조물과 관계되어 있다. 그것의 극치가 인간이다.

하나님의 신은 생명을 보존하시고 유지시키신다

태초에 자연계는 혼돈과 흑암과 공허 가운데 있었다(창 1:2). 하나님의 영은 둥우리에서 알을 품고 있는 새처럼 자연계를 품으셨고, 자연계는 혼돈으로부터 질서가 잡혔다. 생명의 근원으로서 성령님은 혼돈과 공허와 흑암과 무로부터 말씀으로 질서를 잡으시고 유지하셨다. 하나님의 창조는 이런 과정을 거쳐서 완성되었다. 성령님은 끊임없이 자연계와 연관하셔서 생명을 보존하시고 새롭게 하시고 성취하셨다(욥 33:4; 시33:6; 104:30).

니케아 신조는 성령님을 다음과 같이 정의했다.[1]

"우리는 또한 성부[와 성자]에게서 나온 생명의 부여자와 주님이신 성령을 믿습니다. 그는 성부와 성자와 함께 예배와 영광을 받으시며 거룩한 선지자들을 통해 말씀하셨습니다. 그리고 우리는 하나의 거룩하고 사도적인 세계 교회를 믿습니다. 우리는 죄의 용서를 주시는 하나의 세례를 믿으며, 죽은 자의 부활과 내세의 삶을 기다립니다. 아멘."

니케아 신조는 "성령님은 성부와 성자에게서 나오시고 생명의 부여자이시다. 또한 우리를 다스리는 주님이시다"라고 밝혀 구약성경의 성령님이 생명의 원동력임을 증거하고 있다.

성령님은 생명의 원동력이시고 그 사역의 극치는 인간이다

창세기는 "여호와 하나님이 땅의 흙으로 사람을 지으시고 생기를 그 코에 불어넣으시니 사람이 생령이 되니라"(창 2:7)라고 말씀한다. 사람의 생명이 하나님의 생기에 달려 있는 것으로 밝혔다. "하나님의 생기"는 무엇을 가리키는 것일까? 히브리어를 직역하면 "하나님의 살아있는 호흡 혹은 숨"[2]을 의미한다. 전통적인 해석에 따르면 "하나님의 생기"는 "하나님의 영"을 의미한다. "하나님의 영, 하나님의 신"은 인간 이성의 원천이다

---

[1] 니케아 신조는 성부, 성자, 성령님에 대해 정의하였다. 성령님은 "Et in Spritum Sanctam, Dominum et vivificantem [vivificatorem], ex Patre [Filioque] procedentem, cum Patre et Filio adorandum et conglorificandum, qui locutus est per sanctos prophetas. Et unam, sanctam, catholicam et apostolicam ecclesiam. Confitemur unum baptisma in remissionem peccatorum. Expectamus resurrectionem mortuorum et vitam futuri saeculi. Amen."이라고 정의했다.

[2] נִשְׁמַת חַיִּים וַיְהִי הָאָדָם לְנֶפֶשׁ חַיָּה ... "생기를 불어넣으니 생령이 되었다"에서 "생기"는 "생"(니쉐마트)과 "기"(하임)의 합성어이다.

(욥 32:8). 인간 재능의 원천이다(창 41:38; 출 28:3). 브살렐과 오홀리압을 통해 보듯이 인간이 가진 기술의 원천이기도 하다(출 36장). 여호수아가 전쟁에서 보여준 능수능란함의 원천이다(신 34:9). 솔로몬이 가졌던 지혜의 원천(왕상 3:28), 시인들과 예언자들을 통해 선포된 종교적, 윤리적 통찰의 원천이기도 하다(삼하 23:2; 왕상 22:24; 겔 11:5; 단 4:89).

그러므로 하나님의 영은 인간이 살아있는 사람(생령)이 되게 하는 유일무이한 원천이다. 신학자들은 이것이 인간과 동물이 다른 점이라고까지 주장한다. 또한 인간이 발휘하는 모든 것의 원천이시다. 성령님이 생명의 원동력이심은 인간에게서 그 극치를 보여준다.

신약성경의 영은 성령님이시다

구약에서 하나님의 신이라 부를 때 '신'은 '루아흐'(רוּחַ)이다. 이에 상응하는 헬라어는 '영'으로 '프뉴마'(πνεῦμα)이다. 이는 '숨을 쉬다, 바람이 불다'란 뜻을 가지고 있다. 신약성경은 이 용어를 "성령, 하나님의 영, 주의 영, 아버지의 영, 예수의 영, 그리스도의 영, 진리의 영" 등으로 다양하게 호칭한다. "위로자, 보혜사"라고도 부른다(요 14:16-17).

예수님은 보혜사이시고, 성령님은 다른 보혜사이시다

예수님은 사역을 마감하시기 직전에 자신과 보혜사의 관계를 다음과 같이 정의하셨다.

"내가 아버지께 구하겠으니 그가 또 다른 보혜사를 너희에게 주사 영원토록 너희와 함께 있게 하리니"(요 14:16).

예수님은 자신이 보혜사이신데 이제 자신이 이 땅에서 떠나야 하기 때문에 아버지께 간구하여 다른 보혜사를 제자들에게 보내주신다고 말씀하셨다. 예수님과 성령님은 보혜사와 다른 보혜사의 관계에 있다. '보혜사'는 '돕는 자, 중재자, 변호자, 위안자'를 의미하는데 한글개역개정에는 "보혜사", "대언자"라고 번역되었다. 우리가 익숙한 신학은 메시아이신 예수님이다. 그러나 요한 사도는 예수님을 보다 폭넓게 보혜사라고 정의했다. 예수님은 하나님의 섭리와 계획에 따라 이 땅에 오셨다. 그분이 이 땅에 오셔서 성도 개개인을 어떻게 도우셨는지 복음서는 자세히 기록하고 있다. 예수님처럼 성령님은 다른 보혜사, 즉 예수님과 다른 각도에서 성도와 교회, 세상 등을 돕기 위해서 오셨다.

요한복음에 나타난 보혜사로서 성령님의 역할

요한복음 14장에서 16장은 요한복음의 성령장이라고 부를 정도로 성령님의 다양한 역할에 대해 기록하고 있다.

성도를 성경으로 인도하신다

요한 사도는 요한복음 16장에서 보혜사 성령님의 또 다른 이름인 "진리의 영"이 하시는 역할을 언급하고 있다.

"그러나 진리의 성령이 오시면 그가 너희를 모든 진리 가운데로 인도하시리니 그가 스스로 말하지 않고 오직 들은 것을 말하며 장래 일을 너희에게 알리시리라"(요 16:13).

진리의 영이신 보혜사 성령님은 성도를 진리의 말씀 가운데로 인도하신다. 성도가 하나님의 말씀을 가까이 하지 못하는 것은 보혜사 성령님의 역할 가운데 진리의 영의 은혜를 누리지 못하기 때문이다. 진리의 영은 성도를 진리의 말씀 가운데로 이끌어 하나님 아버지와 예수 그리스도의 다양한 말씀들을 통해 장래 일을 말씀해주신다. "장래 일"은 무엇을 의미할까? 아마도 오늘날 은사자들이 말하는 예언적 기능보다는 예수님의 재림을 가리킨다고 보인다. 왜냐하면 요한복음 14장부터 보혜사 성령님을 소개하는데 14장은 예수님의 다시 오심에 대해 말씀하고 있기 때문이다.

"가서 너희를 위하여 거처를 예비하면 내가 다시 와서 너희를 내게로 영접하여 나 있는 곳에 너희도 있게 하리라"(요 14:3).

성령님은 성도를 진리 가운데로 인도하셔서 자신의 뜻이 아닌 아버지와 예수님의 뜻을 따라 말씀해주신다.

예수님의 영광을 드러내신다

보혜사 성령님은 성도를 진리의 말씀 가운데로 인도해주시고, 또한 예수님 안에 있는 모든 말씀을 가지고 성도들을 가르쳐주신다. 그 중에 가장 중요한 주제가 예수님의 재림이다. 그뿐만 아니라 다양한 것들을 알려주시는데, 그것은 그렇게 말씀을 가르쳐주시는 것이 곧 예수님의 영광을 드러내는 것이기 때문이다.

"그가 내 영광을 나타내리니 내 것을 가지고 너희에게 알리시겠음이라 무릇 아버지께 있는 것은 다 내 것이라 그러므로 내가 말하기를 그가 내 것을 가지고 너희에게 알리시리라 하였노라"(요 16:14-15).

성령님은 말씀을 통해서 예수님의 영광을 드러내는 분이시다. 성령 충만한 성도는 예수님을 잘 알고 그분과 동행하는 사람이고, 그분의 영광을 드러내는 삶을 사는 성도이다.

예수님이 하신 말씀을 생각나게 해주신다

예수님은 다른 보혜사이신 성령님은 아버지 하나님이 예수님의 이름으로 보내주신다고 설명하시면서 그분의 역할을 우리에게 가르쳐주셨다.

"보혜사 곧 아버지께서 내 이름으로 보내실 성령 그가 너희에게 모든 것을 가르치고 내가 너희에게 말한 모든 것을 생각나게 하리라"(요 14:26).

성령님은 모든 것을 성도들에게 가르쳐주시는데, 특히 예수님이 이 땅에서 하신 말씀들을 생각나게 해주신다. "생각나게 해주신다"(ὑπομιμνήσκω, 휘포밈네스코)는 '동사 직설법 미래 능동형'이다. 즉, 지금은 예수님이 제자들과 함께 계신다. 그러나 며칠 후 예수님은 십자가를 지시게 되고 부활의 영이 되신다. 물론 40일 동안 이 땅에 더 머무르시지만 그분이 자신을 계시해 드러내주지 않으시면 제자들은 그분을 만날 수 없다. 예수님은 보혜사 성령님을 오순절을 통하여 이 땅에 보내주신다. 이 40일의 기간

동안 제자들은 바보처럼 살았다. 제자들은 예수님이 "죽었다가 사흘 만에 다시 살아난다"는 말씀을 전혀 기억하지 못했다. 제자들은 예수님이 "갈릴리에서 만나자"라고 하신 말씀도 전혀 기억하지 못했다. 그 이유는 제자들에게 예수님이 하신 말씀을 생각나게 해주실 영이 없었기 때문일 것이다. 오순절 직전에 제자들은 구약성경에 예언된 사건을 깨닫고 결원이 생긴 제자를 뽑기도 한다.

> "모인 무리의 수가 약 백이십 명이나 되더라 그 때에 베드로가 그 형제들 가운데 일어서서 이르되 형제들아 성령이 다윗의 입을 통하여 예수 잡는 자들의 길잡이가 된 유다를 가리켜 미리 말씀하신 성경이 응하였으니 마땅하도다"(행 1:15-16).

예수님이 승천하신 후 제자들은 그분의 명령을 따라 10일 동안 기도에 힘쓰며 보내다가 결원된 제자를 선택해야 한다는 깨달음을 얻고 실행한다. 이 말씀을 깨닫는 사건은 오순절 성령님 강림 이전의 사건이다. 성령님 강림 이후에 성령님이 말씀을 깨닫고 생각나게 하시는 사건은 사도행전 2장 베드로의 설교에 무수히 기록되어 있다. 그렇다. 보혜사 성령님은 말씀을 깨닫고 생각나게 해주신다.

죄를 깨닫게 하시고 회개를 권고하시는 성령님

내가 다루고자 하는 주제는 요한복음 16장에 기록되어 있다.

> "그러나 내가 너희에게 실상을 말하노니 내가 떠나가는 것이 너희에게 유익이

라 내가 떠나가지 아니하면 보혜사가 너희에게로 오시지 아니할 것이요 가면 내가 그를 너희에게로 보내리니"(요 16:7).

예수님은 자신이 이 땅에 계속해서 머무시는 것은 제자들에게 별 유익이 되지 못하는 시간 낭비라고 말씀하신다. 그 이유는 예수님이 떠나지 않으시면 보혜사 성령님이 오시지 못하기 때문이다. 왜 보혜사 성령님이 이 땅에 오시는 것이 그렇게 중요하고, 제자들에게 유익이 되는 것일까?

"그가 와서 죄에 대하여, 의에 대하여, 심판에 대하여 세상을 책망하시리라 죄에 대하여라 함은 그들이 나를 믿지 아니함이요 의에 대하여라 함은 내가 아버지께로 가니 너희가 다시 나를 보지 못함이요 심판에 대하여라 함은 이 세상 임금이 심판을 받았음이라"(요 16:8-11).

보혜사 성령님이 이 땅에 오시면 세 가지 특별한 일을 하신다.
첫째, 죄에 대해 책망하신다.
둘째, 의에 대해 책망하신다.
셋째, 심판에 대해 책망하신다.
보혜사 성령님이 이 땅에 오시면 "죄에 대해 책망하신다." "책망하신다"는 뜻은 신약성경에 17회 나오는데, 이 단어는 사람 대격과 함께 개인적으로든(마 18:15) 회중적으로든(딤전 5:20) '백성들에게 그들의 죄를 보여주고 회개하도록 권고하다'라는 의미이다. 보혜사 성령님은 성도들에게 죄를 보여주신다. 그리고 그 죄를 회개하도록 권고하신다. 예수를 믿고 성령을 받은 성도라면 누구나 이 보혜사 성령님의 역할이 살아 있어 나타나야 한다. 오늘날 성도들은 분명히 예수를 믿는다고 말한다. 그런데 성령님이 죄를 깨닫게 하시고 회개하라고 권고하시는 역사를 지속적으로 경험하고 있는가? 칼빈은 회개란 그리스도인의 평생에 걸친 삶의 과정이라고 했다. 그런데 오늘날 성도들에게는 아주 미미하게, 혹은 거의 없는 것으로 보인다. 무엇이 잘못된 것인가? 예수를 믿는다는 본질이 잘못된 것인가? 아니면 예수는 믿는데 보혜사 성령님을 받지 못한 것인가?

성도의 죄를 제거해주시는 보혜사 성령님

우리는 로마서를 바울 서신 중에서, 신약성경 중에서, 전체 성경 중에서도 '진주'처럼 귀하게 여긴다. 로마서에는 보혜사 성령님의 다양한 역할이 기록되어 있는데, 그 중에서 한 부분만 살펴보자.

> "그러므로 형제들아 우리가 빚진 자로되 육신에게 져서 육신대로 살 것이 아니니라 너희가 육신대로 살면 반드시 죽을 것이로되 영으로써 몸의 행실을 죽이면 살리니 무릇 하나님의 영으로 인도함을 받는 사람은 곧 하나님의 아들이라"(롬 8:12-14).

바울은 육신(악한 영에 사로잡힌 삶, 세상적이고 육체적인 삶 등)대로 살면 반드시 죽는다고 정의한다. 즉, 구원에서 탈락하여 지옥에 간다는 뜻이다. 육신대로 사는 삶에서 벗어나 성령의 인도하심을 받아 살아가는 유일한 방법을 제시한다. 바로 "성령으로써 육신을 죽이는 것"이다. 사람은 죄를 죽일 수 없다. 오직 성령님만이 죄를 제거해주시는 권한을 갖고 계신다. 성령님은 죄를 어떻게 제거해주시는 것일까? 요한복음 16장 8절과 연결시켜 보면 성령님은 죄를 깨닫게 하고 회개를 권고해주신다. 성도가 성령님의 권고를 받고 회개하면 육신의 삶을 제거해주신다. 그러므로 오늘날 예수를 믿는 그리스인 모두는 성령님을 통해 죄에 대한 책망을 받아야 한다. 성령님으로부터 회개의 권고를 받아야 한다. 그리고 진실로 통회하며 회개해야 한다. 죄 용서를 받아야 한다. 죄악 된, 즉 불의에서 돌이키는 은혜를 누려야 한다. 이것이 성도임을 입증하는 근본 중에 근본이다.

성도인 당신은 성령으로부터 죄에 대한 책망을 받고 있는가?
성도인 당신은 성령으로부터 죄에 대한 회개의 권고를 받고 있는가?
성도인 당신은 진실로 통회하며 회개하고 있는가?
성도인 당신은 회개를 통해 죄 용서를 받고 있는가?
성도인 당신은 죄 용서 받음을 통해 죄악 된 삶에서 돌이키고 있는가?

아담부터 바벨탑 사건까지는 회개할 기회가 주어지지 않았다

우리는 예수님이 십자가 사건을 통해 보혜사 성령님을 보내주신 것이 얼마나 귀한 일인지를 깨달아야 한다. 하나님은 아담이 죄를 지었을 때 "회개하라!"고 권고하지 않으셨다. 하나님은 노아 시대에 하나님의 아들들이 사람의 딸들과 혼인하며 하나님을 떠날 때도 홍수로 세상을 심판할 계획을 하셨지만, 어느 누구에게도 "회개하라!"고 말씀하지 않으셨다. 우리는 하나님이 세우신 하나님 마음에 합한 다윗 왕에 이르러서야 진정한 회개를 보게 된다.

"하나님이여 주의 인자를 따라 내게 은혜를 베푸시며 주의 많은 긍휼을 따라 내 죄악을 지워 주소서 나의 죄악을 말갛게 씻으시며 나의 죄를 깨끗이 제하소서 무릇 나는 내 죄과를 아오니 내 죄가 항상 내 앞에 있나이다 내가 주께만 범죄하여 주의 목전에 악을 행하였사오니 주께서 말씀하실 때에 의로우시다 하고 주께서 심판하실 때에 순전하시다 하리이다 내가 죄악 중에서 출생하였음이여 어머

니가 죄 중에서 나를 잉태하였나이다 보소서 주께서는 중심이 진실함을 원하시오니 내게 지혜를 은밀히 가르치시리이다 우슬초로 나를 정결하게 하소서 내가 정하리이다 나의 죄를 씻어 주소서 내가 눈보다 희리이다 내게 즐겁고 기쁜 소리를 들려 주시사 주께서 꺾으신 뼈들도 즐거워하게 하소서 주의 얼굴을 내 죄에서 돌이키시고 내 모든 죄악을 지워 주소서 하나님이여 내 속에 정한 마음을 창조하시고 내 안에 정직한 영을 새롭게 하소서 나를 주 앞에서 쫓아내지 마시며 주의 성령을 내게서 거두지 마소서 주의 구원의 즐거움을 내게 회복시켜 주시고 자원하는 심령을 주사 나를 붙드소서 그리하면 내가 범죄자에게 주의 도를 가르치리니 죄인들이 주께 돌아오리이다 하나님이여 나의 구원의 하나님이여 피 흘린 죄에서 나를 건지소서 내 혀가 주의 의를 높이 노래하리이다 주여 내 입술을 열어 주소서 내 입이 주를 찬송하여 전파하리이다"(시 51:1-15).

예수님의 십자가 사건을 통해 보혜사 성령님을 보내주시고, 그분을 통해 나의 죄를 책망하셔서 깨닫게 하시며, 회개를 권고하시고, 회개할 기회와 은혜를 부어주시며, 회개할 때 죄를 용서해주시고, 죄악 된 삶에서 돌이키는 은혜를 주시는 길을 저버려서는 안 된다. 죄에 대한 책망과 권고, 회개할 기회를 주시는 보혜사 성령님의 은혜는 죄를 용서받는 유일한 길이다. 죄악 된 삶에서 돌이키는 유일한 길이다. 이 길을 계획하시고 정하신 분이 하나님 아버지이시고, 예수님은 아버지의 뜻을 따라 우리에게 그 길을 제시하셨다. 이 말씀들 때문에 칼빈은 우리에게 "예수를 믿으면 회개의 기능이 작동되고, 회개할 때 점진적으로 죄를 사해주신다"고 가르쳤다. 그렇다. 성경이 그렇게 말씀하고 있다.

14장 바울이 거둔 신앙생활의 열매

오늘날 한국교회에서 신앙생활을 하는 신자들은 어떤 삶의 과정을 살아가고 있을까? 처음 교회를 다니는 사람들은 "저는 아무것도 모르는 초신자입니다"라고 겸손하게 자신을 낮춘다. 세례 받고 2-3년 신앙생활을 하여 교회에서 서리집사로 임명받게 되면 "아, 제가 서리집사입니다"라고 겸손한 삶에서 약간 벗어나게 된다. 그러다가 권사, 안수집사, 장로가 되면 "나 교회 안수집사인데…", "나 교회 장로인데…"라며 목을 뻣뻣이 세우고 교회의 주인이 된다.

한국교회 신자들은 자신의 직분과 함께 정체성이 정해진다. 서리집사도 초보 서리집사, 권찰 서리집사, 구역장 서리집사에 따라 자신의 정체성이 달라진다. 안수집사 몇 년 차인지에 따라 자신의 정체성이 달라진다. 장로로 임직된 연도에 따라 자신의 정체성이 달라진다. 직분자의 정체성이 성결과 섬김을 기준으로 정해진 것이 아니라 권위와 다스림에 기초한 것이 문제이다. 여기에서 파생하는 가장 큰 문제는 자신을 돌아볼 기회가 없다는 점이다. 하나님 앞에서, 말씀 앞에서 자신을 돌아볼 기회가 없다. 이렇게 된 것은 신학이 큰 몫을 했다고 말할 수밖에 없다. 신학 중에서도 "칭의"의 신학, "모든 죄 사함 받음"의 신학, '성도의 견인' 신학이 아주 큰 영향을 미쳤다. 이 글을 읽는 독자는 아직도 아래의 말이 온전한 진리라고 믿는가?
"예수 믿으면 구원 받는다. 예수 믿으면 당연히 천국 간다."

바울은 자신이 구원에서 떨어질 것을 염려했다

신약성경을 대표하는 인물은 바울이다. 바울이 신앙 여정을 통해 고백한 자기 정체성에서 오늘날 한국교회 신자들이 무엇을 회복해야 하는지에 대한 올바른 방향을 찾게 될 것이다. 성도의 견인 교리는 대부분 서신서들에 기초하고 있다. 그러나 바울은 이렇게 고백했다.

> "운동장에서 달음질하는 자들이 다 달릴지라도 오직 상을 받는 사람은 한 사람인 줄을 너희가 알지 못하느냐 너희도 상을 받도록 이와 같이 달음질하라 이기기를 다투는 자마다 모든 일에 절제하나니 그들은 썩을 승리자의 관을 얻고자 하되 우리는 썩지 아니할 것을 얻고자 하노라 그러므로 나는 달음질하기를 향방 없는 것 같이 아니하고 싸우기를 허공을 치는 것 같이 아니하며 내가 내 몸을 쳐 복종하게 함은 내가 남에게 전파한 후에 자신이 도리어 버림을 당할까 두려워함이로다"(고전 9:24-27).

바울이 오늘날 보수주의 교회에서 사용하는 '성도의 견인' 교리를 믿었다면 위와 같이 표현하지 않았을 것이다. 예수를 믿으면 구원이 보장되고, 천국 가는 것이 분명한데 무엇 때문에 자신의 몸을 쳐 복종하는 것을 "남은 구원하고 자신은 버림을 당할까 두렵기 때문"이라고 말하겠는가? 바울은 신앙 여정을 운동경기에 참여한 선수들로 비유하여 설명했다. 육상경기에서 1등은 한 명이다. 성도는 신앙 여정을 이런 마음으로 임해야 한다. 운동경기에서 승리하기 위해서는 많이 절제해야 한다. 체급별 경기는 자신의 체중을 유지하지 못하면 탈락이다. 체중을 유지하려면 많이 절제해야 한다. 신앙 여정을 잘 마치기 위해서도 많은 절제가 뒷받침되어야 한다. 마음이 원하는 모든 것을 하려다 보면 절제하지 못하게 되고, 그렇게 되면 신앙여정에서 곁길로 빠질 수밖에 없다. 바울은 예수님을 직접 만난 사람이고, 그분에 의해 사도직을 부여받은 사람이다. 그는 이방 땅에 복음을 전하기 위해 자신의 생명을 건 사람이기도 하다. 그런 그가 자신의 버림받음을 염려했다는 것은 기이한 일이다.[1] 바울은 어떻게 자기 몸을 쳐서 복종시켰을까?

회초리로 자신의 몸을 때렸다는 의미는 아닐 것이다. 그는 하나님과 말씀 앞에서 자신의 삶을 매일매일 살펴보고, 말씀에서 벗어난 생각이 있으면 즉시 회개하고 돌이키는 절제의 삶을 살았을 것이다. 생각뿐만 아니라 마음과 삶을 살펴보며 그렇게 했을 것이다. 하나님과 말씀 앞에서 자기 몸을 쳐 복종시키는 삶은 회개의 다른 표현이라고 볼 수 있다. 바울은 날마다 자신을 돌아보고 회개하는 삶을 통해 하나님의 뜻 안에서 신앙 여정을

---

[1] 고린도전서 9장 27절의 "버림을 당할까…"는 '가정법 과거 중수디포형' 구문이다. 자기 몸을 쳐서 복종시키면 버림을 당하지 않을 것이나, 그 반대면 버림을 당할 수도 있다는 의미이다. 바울이 "믿으면 구원받는다. 당연히 천국 간다"라고 자신의 서신에서 말했다면 이 말씀은 그것과 상충된다.

마쳤다. 이제 바울이 자신을 초기에 어떻게 평가했고, 말기에 어떻게 평가했는지 살펴보기로 하자.

바울은 신앙 여정을 통해 성숙해갔다

바울은 사역 초기와 말기에 전혀 다른 삶의 모습을 보여준다. 왜 이렇게 달라졌을까?

바울은 초기 사역 때 자신을 드러내려 힘썼다

대부분의 신학자들은 갈라디아서와 고린도전·후서를 바울의 초기 서신으로 보는 데 이견이 없다.[2] 바울은 갈라디아서 1장에서 이렇게 기록했다.

> "그의 아들을 이방에 전하기 위하여 그를 내 속에 나타내시기를 기뻐하셨을 때에 내가 곧 혈육과 의논하지 아니하고 또 나보다 먼저 사도 된 자들을 만나려고 예루살렘으로 가지 아니하고 아라비아로 갔다가 다시 다메섹으로 돌아갔노라 그 후 삼 년 만에 내가 게바를 방문하려고 예루살렘에 올라가서 그와 함께 십오 일을 머무는 동안 주의 형제 야고보 외에 다른 사도들을 보지 못하였노라"(갈 1:16-19).

바울은 예수님을 만나 회심한 후 이방인을 위한 복음사역자로 부르심을

---

[2] 신학자들은 고린도전서가 가장 먼저 기록된 것으로 보기도 하고(54-55년), 갈라디아서를 가장 초기 서신이라고 보기도 한다(48-56년 후반). 어느 것이 먼저 기록되었는지에 대한 이견은 존재하지만 둘 다 초기 서신인 것은 공통적으로 인정한다.

받고 혈육과 의논하지 않은 점 그리고 먼저 사도 된 자들을 만나지 않은 점을 강조하고 있다. 아라비아로 내려갔다가 3년 후에 예루살렘으로 올라갔고, 그 때도 사도 야고보 외에는 아무도 만난 적이 없음을 강조한다. 자신의 사도직을 어느 누구도 아닌 오직 예수 그리스도로부터 받았음을 강조하고 있다. 바울은 왜 이 부분을 강조하는 것일까? 고린도후서 11장에서 바울은 여러 차례에 걸쳐 극단적인 표현을 쓰고 있음을 보게 된다.

> "나는 지극히 크다는 사도들보다 부족한 것이 조금도 없는 줄로 생각하노라… 그들이 그리스도의 일꾼이냐 정신 없는 말을 하거니와 나는 더욱 그러하도다…"(고후 11:5, 23상).

바울은 먼저 사도가 된 자들(지극히 큰 사도들)보다 자신이 조금도 부족함이 없는 것을 강조한다. 또한 다른 복음을 전하는 자들에 대해서는 그들이 그리스도의 일꾼이면 정신없는 말을 하는 것이며, 자신은 그들보다 더욱 그리스도의 일꾼이라고 강조한다. 왜 바울은 이렇게까지 자신의 사도직을 변호하는 것일까? 물론 그의 사도직을 부정하는 많은 적이 있었기 때문이다. 그러나 다른 각도에서 보면 바울은 아직도 자신을 완전히 죽이지 못했다. 자신을 대적하는 자들을 율법 정신에 입각하여 대하고 있는 것이다. 이는 복음 안에서 성숙된 삶에서 나오는 표현이 아님을 볼 수 있다. 또한 다른 사도들과 비교해서 자신의 삶을 고백한다.

> "우리가 다른 사도들과 주의 형제들과 게바와 같이 믿음의 자매 된 아내를 데리고 다닐 권리가 없겠느냐 어찌 나와 바나바만 일하지 아니할 권리가 없겠느냐"(고전 9:5-6).

바울은 자신의 사도직을 고린도 교회 성도들에게 격정적으로 항변하면서 베드로는 아내를 데리고 다니지만 자신은 그렇지 않으며, 다른 사도들은 일하지 않고 선교 후원금으로 사역하는데 자신은 바나바와 함께 몸소 일하며 복음을 전파했다고 말하고 있다. 바울은 어떤 마음에서 이러한 표현을 하는 것일까? 감정적 동요 없이, 인정받지 못하는 자신의 삶에 대한 불편한 마음 없이 이런 표현을 하는 것일까? 그렇게 볼 수는 없을 것 같다. 이는 바울의 인간적이고 육신적이고 어쩌면 세속적인 욕망들이 살아 있기 때문으로 볼 수 있다. 바울은 자신을 드러내고자 하는 마음, 혹 그것이 아니더라도 자신의 직분에 대한 도전을 부드럽게 대할 만큼 성숙하지 못한 채 초기 사역을 했다.

로마 여행을 앞둔 바울은 자신을 드러내 주장하지 않았다

대제사장 아나니아와 동행한 변호사 더둘로는 총독 벨릭스에게 바울의 죄를 증언하며 다음과 같이 말했다. "우리가 보니 이 사람은 염병이라 천하에 퍼진 유대인을 다 소요케 하는 자요 나사렛 이단의 괴수라"(행 24:5). 바울은 유대인 종교지도자들에 의해 이단의 괴수로 정죄 받았다. 한글개역개정은 "이단의 우두머리"라고 번역했다. 이렇게 자신을 고소하는 유대인 지도자들에 대항하는 바울의 반응은 초기와 전혀 다르다.

"그들은 내가 성전에서 누구와 변론하는 것이나 회당 또는 시중에서 무리를 소동하게 하는 것을 보지 못하였으니 이제 나를 고발하는 모든 일에 대하여 그들이 능히 당신 앞에 내세울 것이 없나이다…그들이 만일 나를 반대할 사건이 있으면 마땅히 당신 앞에 와서 고발하였을 것이요 그렇지 않으면 이 사람들이 내가 공회 앞에 섰을 때에 무슨 옳지 않은 것을 보았는가 말하라 하소서 오직 내가 그들 가운데 서서 외치기를 내가 죽은 자의 부활에 대하여 오늘 너희 앞에 심문을 받는다고 한 이 한 소리만 있을 따름이니이다 하니"(행 24:12-13, 19-21).

바울은 사역 초기에는 자신을 대적하는 자들에게 격정적인 반응을 보였다. 자신이 인정받지 못하는 것에 대해 적극적으로 변호했다. 그러나 3차 전도여행을 마치고 로마 방문을 앞둔 시점에서 유대인 지도자들이 그를 총독에게 고발하여 모함하는 것에 대한 반응은 평온하고 차분하다. 총독에게 모함하는 자들에 대해 "…그들이 당신 앞에 별로 내세울 것이 없을 것입니다", "자신에 대해 옳지 않은 것을 보았으면 공회에 말하라 하소서!", "나는 죽은 자의 부활만 외쳤을 뿐입니다"라고 말한다. 전혀 감정적이지 않고, 악의적이지도 않으며, 초연하여 초월하고 있다는 느낌마저 준다. 바울은 어떻게 이렇게까지 성숙할 수 있었을까? 세 차례에 걸친 전도여행에서 죽을 고비를 수도 없이 넘기고, 굶주리고 헐벗으며 얻은 그리스도와의 영적인 교제가 그를 성숙시켰다고 보인다. 적들이 아무리 대항하고 모함해도 결국은 하나님의 뜻대로 되는 것을 경험하면서 그의 마음과 삶의 태도가 변화되고 성숙한 것이다. 바울은 사역 중에 자신의 생각과 마음 그리고 삶이 하나님의 뜻에서 벗어난 것을 깨달았을 때 즉각 회개하고 돌이켰을 것이다. 날마다 매 순간 이렇게 사역하며 산 것이 그를 변화시키고 성숙시켰다.

바울은 사역 말기에 자신을 '죄인 중에 괴수'라고 했다

바울 서신의 마지막에 해당하는 디모데전서에서 바울은 자신을 가리켜 "죄인 중에 내가 괴수니라"(딤전 1:15하)라고 고백했다. 자기 자신을 향한 이 평가는 예수 믿기 전 자신의 죄를 깨닫고 "나는 죄인 중 괴수이다"라고 한 것이 아니다. 디모데전·후서를 옥중서신이라고 한다. 바울은 로마의 옥중에서 이 고백을 한 것이다. 자신의 삶이 얼마 남지 않은 시점에서 한 고백이다. 바울은 어떻게 이런 삶을 살았을까? 하나님과 말씀 앞에서 자신을 돌아보고 자신의 계획과 뜻을 내려놓지 않고 이런 삶이 가능할까? 하나님과 말씀 앞에서 자신의 존재를 발견하지 못했는데도 이런 고백이 가능할까? 그는 사역을 하면 할수록 하나님의 위대하심과 말씀의 진실함을 발견하였고, 그 앞에서 자신을 보니 당연히 "죄인 중에 괴수이다"라는 표현이 나온 것은 아닐까?

나 자신도 신앙 여정 40년 동안 이 경지에 도달하지 못했음을 인정한다. 그리고 신앙 생활을 하는 주위 분들 가운데 이런 경지에 도달한 분을 본 적이 없는 것 같다. 거룩하신 하나님 앞에서 자신의 전 존재가 죄인임을 인정한 하나님의 사람을 본 적이 없다. 바울의 이 고백은 신앙 여정 마지막에 도달해야 할 모든 그리스도인의 모범이다. "예수 믿으면 구원받고, 당연히 천국 간다"라는 교리로 과연 이에 다다를 수 있을까? 철저하게 자신을 쳐 하나님과 말씀에 복종시키고 회개하며 돌이킨 자들만이 도달할 수 있는 경지이다.

다툼도 불사했던 사역 초기 때의 바울

바울은 마가 요한의 사건 때문에 바나바와 심하게 다투고 갈라섰다. 성경은 이렇게 기록하고 있다.

"며칠 후에 바울이 바나바더러 말하되 우리가 주의 말씀을 전한 각 성으로 다시 가서 형제들이 어떠한가 방문하자 하고 바나바는 마가라 하는 요한도 데리고 가고자 하나 바울은 밤빌리아에서 자기들을 떠나 함께 일하러 가지 아니한 자를 데리고 가는 것이 옳지 않다 하여 서로 심히 다투어 피차 갈라서니 바나바는 마가를 데리고 배 타고 구브로로 가고 바울은 실라를 택한 후에 형제들에게 주의 은혜에 부탁함을 받고 떠나 수리아와 길리기아로 다니며 교회들을 견고하게 하니라"(행 15:36-41).

이 말씀에 비추어 보면 바나바는 용서하고 배려하는 성품의 사람임을 보여준다. 그러나 바울은 사건 하나만으로 한 사람에 대한 모든 것을 부정적으로 판단하고 있음을 보여준다. 사람에 대한 변화의 가능성을 부인하는 것처럼 보인다. 바울은 자신을 사역의 현장으로 나올 수 있도록 인도해 준 바나바와 심히 다투었다. "심히 다투다"라는 말은 '격렬한 화, 화가 나서 행한 공격'이라는 의미다. 바울은 격렬하게 화를 내며 바나바를 몰아붙인 것으로 보인다. 그리고 서로 갈라섰다.

사역 말기에 화해의 본을 보여준 바울

하지만 사역 초기에 나타난 이러한 바울의 모습은 사역 말미에서 극적인 변화를 보여준다.

"데마는 이 세상을 사랑하여 나를 버리고 데살로니가로 갔고 그레스게는 갈라디아로, 디도는 달마디아로 갔고 누가만 나와 함께 있느니라 네가 올 때에 마가를 데리고 오라 그가 나의 일에 유익하니라"(딤후 4:10-11).

바울은 로마의 감옥에서 믿음의 아들 디모데에게 어서 올 것을 요청하며 "마가를 데리고 오라 그가 나의 일에 유익하다"라고 말한다. 2차 전도 여행을 시작할 때 마가 요한에 대해 가졌던 그의 부정적인 마음이 완전히 변화되었음을 보여준다. 바울은 어떻게 이렇게 변화될 수 있었을까? 아마 사역에 대한 관점, 사람을 보는 시각에 변화가 일어났을 것이다. 그것은 또한 하나님과 말씀 앞에서 자신의 존재를 발견해야만 가능한 일일 것이다. "죄인 중에 내가 괴수니라"라고 했던 고백에서 그것을 엿볼 수 있다. 이렇게 고백한 사람이 다른 사람을 판단하고 부정할 수는 없을 것이다. 바울은 초기 사역 때 가졌던 시각과 마가 요한에 대한 부정적 생각들을 회개했을 것이다. 하나님은 그의 마음에 용서의 기쁨을 기름 부으셨고, 시각을 바꾸어주셨으며, 마가 요한을 이해하고 받아들일 수 있도록 성숙시켜주셨음에 틀림없다.

바울은 고린도후서 7장 11절에서 하나님과 말씀 앞에서 하는 근심이 어떤 과정으로 인도하는지를 서술했다.

"보라 하나님의 뜻대로 하게 된 이 근심이 너희로 얼마나 간절하게 하며 얼마나 변증하게 하며 얼마나 분하게 하며 얼마나 두렵게 하며 얼마나 사모하게 하며 얼마나 열심 있게 하며 얼마나 벌하게 하였는가 너희가 그 일에 대하여 일체 너희 자신의 깨끗함을 나타내었느니라."

바울 자신도 신앙의 여정 가운데 이 길을 걸어왔음이 틀림없다. 나 또한 충실하고 진실하게 이 과정을 걸어서 인생의 여정을 다 마쳤을 때 "일체 깨끗함을 드러낸 성도"라는 평가를 나의 주님께 듣기를 간절히 소망한다. 하나님과 말씀 앞에서 날마다 자신을 돌아보고 회개하며, 용서하시는 하나님의 은혜를 덧입고, 불의에서 깨끗하게 해 주시는 은혜를 누릴 때 그 경지에 이르게 될 것이다.

15장

개인과 공동체를
변화와 성숙으로 인도하는 회개

    회개란 '인간이 자신의 모든 삶을 살아 계신 하나님의 현실로 방향을 돌리는 것'을 의미한다. 그러나 이러한 방향 전환은 우리 힘으로 되는 것이 아니다. 우리의 현 존재를 전적으로 그리고 구속력 있게 사로잡고 있는 어떤 힘에 의해서만 가능하다. 회개하기 이전에 우리를 사로잡고 있는 것은 이교적인 신들, 맘몬(Mammon) 혹은 하나님이 아닌 다른 어떤 구속력 있는 형식일 수 있다. 우리는 그러한 거짓된 이방 신들의 힘에 얽매어 있기 때문에 살아 계신 하나님과 함께하는 삶으로 접근하려면 이제까지 살아오던 방식에서 방향을 바꾸고, 이제까지 영향을 끼치던 구속력에서 단호하게 벗어나야만 그것이 가능하다.

    오늘날 한국교회와 성도는 성경의 본질인 '회개'라는 중요한 요소를 잃어버렸고, 그로 인해 성도는 성도답지 못하고 교회는 교회답지 못한 상태에 이르렀다. 앞의 2장에서 고백했듯이 나도 한때는 열심히 회개했었다. 물론 회개의 목적이 성경적이었다고 할 수는 없다. 하지만 어떤 형태로든 회개했다는 것은 변화를 추구했고, 성숙에 힘썼다는 의미일 것이다. 그런데 어느 순간부터 회개의 삶을 잃어버렸다. 그런데 2013년, 나는 성경이 말씀하는 신앙의 본질로서 회개하는 삶을 되찾았다. 이때부터 지난날과는 전혀 다른 목적을 지향하는 회개가 시작되었다. 그 첫 열매는 나 개인의 변화와 성숙이었다. 그리고 비록 적은 수이지만 회개에 동참한 성도들에게 네 가지 질문을 했고, 그 답변을 통해 성도들에게 일어난 변화와 성숙을 알 수 있었다. 아래는 그 변화와 성숙의 기록이다.

내가 경험한 변화와 성숙

2008년, 나는 목회 현장에서 큰 장벽에 부딪힌 후[1] 여러 고민을 하던 중 '회개'를 접하게 되었다. 우리 가족 네 명은 혈액형(O, AB, A, B)이 각기 다르다. 혈액형만큼이나 각자의 개성도 독특하다. 우리 가족은 어떤 일에 한마음이 된 적이 거의 없다. 그러나 '회개'에 대해서만큼은 한마음이 되었다.

회개에 대해 결심을 한 후 나는 부산에서 헨리 그루버 목사님 집회를 통역하고 있던 큰딸에게 전화를 했다. "사람의 몸 상태를 진단하는 목사님이 계시는데 참여할래?" "모래 새벽차로 올라가니까 그날 괜찮습니다."

---

[1] 50여 년의 전통을 가진 교회에 2003년 말 부임하여 의욕적으로 사역했다. "앞서 가는 교회 방문"을 통해 성도들에게 동기를 부여하고, "가정교회 리더십 교육"과 "가정교회"로 전환, 알파코스를 통한 새로운 리더십을 양성하기 위해 애썼다. 그러나 교회의 정체성에 부딪혀 모든 것을 내려놓았다.

시카고에서 공부하고 있던 둘째 딸에게는 연락하지 않았다. 그 아이를 제외한 가족 모두가 영 진단을 받았다. 그 이후 회개훈련 사역이 있다는 것을 알았다. 그래서 둘째 딸과 화상 통화를 했다. "우리는 회개훈련을 받을 계획인데 너는 어떻게 할래?" "방학하면 IHOP에 들러서 6월 초에 한국에 도착할 예정이니 그때까지 기다려주세요." 이제까지의 경험으로 미루어보아 온 가족이 하나 되기 가장 어려운 일이라고 생각했는데, 너무도 쉽게 의견이 하나로 모아졌다. 다른 말로는 표현이 불가능한, 전적인 하나님의 은혜였다.

2013년 6월 18일부터 우리 온 가족이 회개를 시작했다. 회개하면서 누리게 된 개인적 변화는 대단히 많다. 여기서 말하는 변화는 완전한 열매를 의미하지 않는다. 깨달은 후 그것에 이르기 위한 노력을 포함한다. 내게 일어난 몇 가지 중요한 변화를 소개하고자 한다.

첫 번째 변화는 늘 하나님을 생각하고, 말씀을 생각하며, 자신의 삶을 주시하게 되었다는 점이다. 즉, '하나님 앞에서 내 삶의 지금 이 순간은 어떻게 인정받고 있을까? 지금 이 순간의 내 삶은 말씀과 부합하는가?'라는 의식을 갖게 된 것이다. 삶의 순간순간을 하나님이 기뻐하시는 삶인지, 아니면 죄로 물든 삶인지를 생각하며 신앙생활을 하게 되었는데, 그것은 회개가 가져온 가장 큰 변화다.

두 번째 변화는 '죄 사함 받는 기쁨'을 누리는 것이다. 나는 그동안 이 땅에 임한 하늘나라를 피상적으로 이해했었다. 즉, "하나님의 나라는 먹는 것과 마시는 것이 아니요 성령 안에 있는 의와 평강과 희락이라"(롬 14:17)라는 말씀을 피상적으로 이해했었다는 것을 깨달았다. 사실 회개에 집중하면서 보낸 6개월 동안은 '의', '평강', '희락'을 생각하기보다는 죄에 대한 아픔, 고통, 슬픔만 생각했었다. 그때는 "내가 정말 올바로 가고 있는 것인가?"라는 질문을 수없이 했다. 시간이 조금 지나자 혈기 분노를 절제하게 되고, 걱정근심을 덜 하게 되며, 불평불만하지 않게 되었는데, 이것이 '의'로 전환하는 삶이라는 것을 깨닫게 되었다. 이 가운데서 누리는 '평강'을 이해하게 되었다. 그리고 불의에서 돌이키는 삶이 죄 용서인 것을 깨달음과 동시에 밀려오는 한없이 큰 기쁨을 느꼈다. 이것이 성령 안에서 누리는 의와 평강과 기쁨이라는 것을 깨달았다. 예수님을 처음 만났을 때 이유도 모르게 눈물 흘리며 기뻐했던 것처럼 회개한 후부터 계속되는 평온과 기쁨이 나를 행복하게 한다.

세 번째 변화는 '하루 종일 주님만 생각하며 시간을 보내는 은혜'를 누리는 것이다. 아내와 대화하면서도 예수님, 어딘가로 가는 중에도 예수님, 책을 읽으면서도 예수님, 말씀을 읽고 연구하면서도 예수님, 강의하면서도 예수님, 설교하면서도 예수님, 심지어 운전하는 중에도 예수님을 생각하는 삶이 지속되고 있다. 회개의 삶을 살기 이전에는 나 자신만 생각하기에 바빴다. 예수님을 생각하며 살지 못했다. 그런데 이제는 잠을 잘 때조차도 자연스럽게 예수님을 생각한다.

네 번째 변화는 '가족과 성도들의 행동을 통해 나를 발견하는 은혜'를 누리는 것이다. 나는 정말 교만한 사람이었다. 평생을 판단, 정죄, 비판, 비난하는 삶을 살았다. 물론 내게는 여전히 그런 모습이 있지만, 불과 1년 전과는 비교할 수 없을 만큼 달라졌다. 예전 같았으면 판단하고, 정죄하고, 비판해야 할 상황에서 나 자신을 먼저 돌아보게 되는 변화를 누리고 있다.

다섯 번째 변화는 '가족의 행동 하나하나를 볼 때마다 저것이 나의 죄 때문이다'라고 생각하는 시각의 변화다. 회개하기 전에는 가족의 행동을 보면서 판단하고 비난하는 것으로 반응했었다. 그러나 지금은 나의 옛 모습을 깨닫고 회개하고, 내가 물려준 죄의 열매인 것을 깨닫고 눈물로 회개한다. 물론 온전한 변화에는 시간이 훨씬 더 걸릴 것임을 안다. 그렇지만 '나의 죄 때문'이라는 시각의 변화 때문에 나의 가족을 조금 더 이해하게 되었고 사랑하게 되었다.

여섯 번째 변화는 '성경을 보는 새로운 시각'을 얻게 되었다. 처음에는 학교에서 배운 대로 성경을 보았고, 삼각산에서 기도하기 시작한 후 성경을 보는 시각에 변화가 있었다. 그리고 회개하고 난 후 성경을 보는 관점에 다시 변화가 일어났다. 가장 중요한 변화는 성경에 표현된 많은 기록이 '영적 실체'라는 사실을 깨달은 것이다. 예를 들면 하나님 나라를 유업으로 받을 수 없는 항목으로 나열된 것들이 바로 영적 실체라는 것이다. 혈기분노, 시기질투, 미움, 다툼 등은 모두 영적 실체다. 혈기분노의 영, 시기질투의 영, 미움의 영, 다툼의 영들에게 지배당한 것을 회개하고, 이 영들에 이끌려 혈기분노한 죄를 회개하니, 그 영들의 힘이 약화되고 종국에는 몸에서 떠나는 것을 경험하게 되었다. 뿐만 아니라 성경의 기록 중 때로는 상징으로 해석할 필요도 있고, 때로는 문자적으로 해석할 필요도 있지만, 대부분의 성경 기록은 영적 실체를 인간이 이해할 수 있는 형태로 묘사한 것이라는 점을 깨닫게 되었다. 다윗이 시편에서 고백했던 것처럼 말씀이 꿀보다 더 단 은혜를 누리고 있다.

일곱 번째 변화는 '영적 분별력'이 한층 명확해졌다. 회개하기 전에도 은사를 약간 활용했었다. 그러나 회개하고 난 후 은사들 각각이 훨씬 분명하고 선명해졌다. 마음의 내적 감동이 커졌고, 지식의 말씀의 은사가 개발된 은혜를 누리고 있다.

여덟 번째 변화는 건강이 많이 좋아졌다. 회개하기 전에는 새벽에 일어나 오전 10시만 되면 멍한 상태로 하루를 살았었다. 회개 사역이 1년이 지난 시점부터는 몇 시간 자지 않아도 피곤을 거의 느끼지 못할 정도로 건강이 회복되었다.

나는 이제 겨우 변화와 성숙의 여정을 시작했다. 회개하기 전에는 아무 해결책이 없었다. 그러나 회개의 삶을 살면서 해결책이라는 무기를 갖게 되었다. 그러므로 1년 후에는 더 큰 변화와 성숙의 자리에 있을 것이다. 10년 후에는 훨씬 더 큰 변화와 성숙의 자리에 있을 것이다. "내가 거룩하니 너희도 거룩할지어다!"(레 11:45)라고 하신 하나님의 명령에 보다 근접한 성도가 되어 있을 기대감에 나는 설레고 흥분된다. 엄청난 행복감을 느낀다.

가정의 변화와 성숙

회개는 나 개인의 변화와 성숙뿐만 아니라 가정에 많은 변화와 성숙을 가져다주었다. 가장 중요한 변화는 가족 사이에 '공통된 대화의 주제'를 갖게 된 것이다. 회개를 시작하기 이전 우리 가정에는 함께 대화할 주제가 별로 없었다. 함께 해결해야 할 큰 문제로 고민한 적도 없었다. 아내는 아내대로, 두 딸아이는 그 아이들대로 각자 괜찮은 삶을 살고 있었다. 주변 목회자들이 본받고 싶어 하는 가정이었고, 성도들이 자랑하는 가정이었다.

큰딸은 번역과 통역으로 바쁘게 활동했고, 작은딸은 미국 유학생활을 하고 있었다. 매일 아침 스마트폰으로 화상 통화를 하며 각자의 삶을 이야기하면서 화목하게 지냈다. 하지만 지금 돌아보면 근본적인 이야기는 없었다. 각자의 아픔과 고민에 대한 이야기는 없었다. 나는 교회 사역 중에 일어난 많은 문제를 혼자 짊어지고 힘들어했고, 다른 가족은 각자 자신들의 문제를 혼자 껴안고 고민했던 것이다. 표면적으로만 아무 문제없는 가정이었다. 그런데 회개하면서 가족 사이의 문제들이 하나둘씩 드러났다. 누가 들추어내 드러낸 것이 아니다. 회개하다보니 자신을 돌아보게 되었고, 각자의 삶이 회개의 주제로 드러나 그것을 알게 된 것이다. 우리는 이제 서로의 문제를 공유하고 기도하는 가정이 되어가고 있다.

회개하면서 가정에 일어난 첫 번째 변화와 성숙은 가족이 서로의 존재에 대해 감사하게 된 것이다. 전에는 아무도 입 밖으로 내지는 않았지만 서로를 불신했고, 상대가 나를 이해해주지 않다고, 상대로 인해 내가 피해를 본다고 생각했었다. 그러나 지금은 회개라는 공통된 대화 속에서 부모는 자녀들에 대한 소망으로 가득해서 감사하고, 자녀들은 부모의 존재만으로도 감사하는 가정이 되었다.

두 번째 변화와 성숙은 온 가족이 공동의 목표를 갖게 되었다. 전에는 제각기 자신의 문제를 끌어안고 살면서 가족 모두가 함께할 공동의 방향이 없었다. 그러나 회개하면서 공동의 기도제목을 갖게 되었고, 서로 격려해주며 함께 그것을 이루기 위해 도전하는 가정이 되었다.

세 번째 변화와 성숙은 가족이 서로에게 상처를 주지 않으려 노력하면서, 죄짓지 않으려 세심한 주의를 하게 된 것이다. 전에는 감정이 상하면 아무 생각 없이 툭 하고 내뱉었으나 지금은 가능한 인내하고 참는다. 자신이 죄짓지 않으려는 노력이기도 하지만, 상대를 배려하여 그가 죄지을 기회를 주지 않으려는 노력의 산물로 나타난 변화다.

네 번째 변화와 성숙은 서로 격려하고 용기를 북돋워주는 것이다. 전에는 자신의 문제는 자신이 풀어야 한다고 생각했었다. 지금은 다른 가족이 겪고 있는 문제의 원인을 파악해 대신 회개하기도 한다. 전에는 누가 힘들어하면 서로 관여하지 않았지만 지금은 격려하고 함께한다.

물론 우리 가정이 갈 길은 아직 멀었지만, 1년 6개월도 안 되는 기간에 이러한 변화와 성숙이 일어났다. 때문에 시간이 가면 갈수록 하나님의 형상을 회복하고 신의 성품에 참여하여 누리는 천국과 같은 가정공동체가 되리라고 나는 확신한다.

교회 공동체의 변화와 성숙

나는 2013년 송구영신예배를 시작으로 회개를 신앙생활의 본질로 삼는 교회를 개척하였다. 그때 어떤 목사님이 내게 "타협하면 될 텐데, 지금 나이에 안정된 교회를 떠나 개척하신다는 그 결단을 존경합니다"라고 격려해주었다.

나는 교회를 개척한 지 10개월이 되어가는 시점에서 이전 교회를 사임하고 개척하기를 잘했다고 생각하며 하나님께 감사하고 또 감사한다. 감사의 가장 큰 이유는 교회 공동체의 변화와 성숙이다.

내가 이전 교회를 사임하고 떠나올 때 일곱 가정이 함께했다. 그 중 한 가정이 개척 두 달 만에 교회를 떠났다. 표면적 이유는 다른 것이었지만, 그 근본은 회개하는 삶에 대한 반감에 있었다. 이로 인해 다른 가정들도 흔들렸고, 각 가정마다 여러 가지 생각에 짓눌려 고통 속에서 신앙생활을 연명했다.

나는 교회가 한 목표를 가지고 한 방향으로 갈 때라는 생각을 갖고 모든 가정이 다 떠나도 괜찮다는 굳은 마음으로 회개에 동참하고 열심을 낼 것을 권면했다. 우리 가정이 실로암세계선교회에서 회개사역의 도움을 받았기에 모든 가정이 이곳에 가서 회개하고 훈련받을 것을 권면했다. 우여곡

절 끝에 모든 가정이 동참했고 훈련을 마쳤다. 여러 가지 갈등을 안고 시작한 훈련이었다. 그리고 훈련 중에도 그 갈등은 해결되지 않았다. 5월 4일부터 6일까지 교회 공동체 수련회를 가졌다. 나는 성도들이 잘못 알고 있는 성경말씀만 골라서 강의하기로 했다. 이유는 성도들이 전통적인 교회에서만 신앙생활을 했기 때문에 전통에 갇혀 있는 그들의 신앙에 도전을 주기 위해서였다. 심지어 성경 기록 자체가 틀린 것도 가르쳤다.

"성경에 틀린 말씀도 있다!"
"지금까지 배워 알고 있는 말씀 중에 거짓 가르침이 많다!"

성경에 틀린 기록도 있다는 사실에 성도들은 충격을 받았다. 성경은 '완전축자영감설'로 기록되었는데 어떻게 틀릴 수가 있는가? 틀릴 수 없는데 틀린 말씀들이 있다. 역사와 제의에 능통하지 못한 사람들은 아무리 보아도 성경의 틀린 곳을 찾을 수 없다.

지금까지 배워 알고 있는 말씀 중에 거짓 가르침이 너무 많다. 그 중 한 가지만 예로 들어보겠다.

"대제사장은 지성소에 일 년에 몇 차례 들어가죠?"
"한 번 들어갑니다."

성도들은 모두 이렇게 당당하게 대답했다. 우리는 히브리서 말씀(히 9:7) 때문에 대제사장은 1년에 한 번 지성소에 들어가는 것으로 알고 있지만 그렇지 않다. 대제사장은 일 년에 한 번이 아니라 일 년에 하루 지성소에 들어가게 되어 있다. 대제사장은 그 하루 동안 지성소에 세 차례 들어간다

(레 16:12, 14, 15). 그때 한 여집사님이 이렇게 물었다.

"목사님! 그럼 우리는 지금까지 무엇을 배운 건가요?"

이 수련회 이후 성도들은 새로운 결단을 하게 되었다. 모든 말씀이 그런 것은 아니지만, 자신들이 알고 있던 것이 성경 말씀과 상당한 차이가 있다는 것을 발견하게 되어 자신들의 생각을 많이 내려놓는 계기가 되었다. 지도자가 제시한 방향에 대해 신뢰감이 형성된 것이다. 그 수련회 이후 신앙생활의 방향이 하나로 모아졌고, 모든 성도가 목회철학을 따라 한 방향으로 나아가게 되었다. 물론 사소한 갈등이 없을 수는 없지만, 큰 방향에 대해서는 갈등이 없다.

웃음소리가 넘치는 교회가 되다

나는 주로 서재에서 연구에 몰두하며 보낸다. 그러면서 펴낸 책이 『깊은 우상숭배 회개문』(유하)이고, 지금 이 책의 원고도 서재에서 탈고했다. 내가 책을 읽고 연구하고 글을 쓰고 있노라면 성도들의 웃음소리가 교회에서 떠나지 않는다. 교회 봉사를 하면서 터져 나오는 웃음소리다. 나는 성도들이 구체적으로 어떤 이야기를 주고받는지 모른다. 그런데 성도들이 서로 웃으며 지낸다는 것은 좋은 일이 아닐까? 주일이든, 수요일 또는 토요일이든 성도들은 모이기만 하면 웃음꽃을 피운다.

비판과 정죄가 점차 사라지다

교회는 성도들끼리 서로 흉보기에 바쁜 곳이다. 교회는 어떤 문제를 부풀리고 뻥튀기해 이야기하는 곳이다. 교회는 자기 견해를 주장하다 서로 싸우는 곳이다. 교회는 어떤 가정의 문제를 다른 성도에게 너무나 잘 옮기는 곳이다. 기도제목을 서로 나눈 뒤 옮기고 퍼뜨린다. 그러나 우리 교회는 그렇지 않다. 하나님 앞에서 자기 코가 석자인지라 남의 흉을 볼 시간이 없다. 흉보고 비판하고 정죄하기를 거부한다. 왜냐하면 그것은 모두 어차피 회개할 일이기에 굳이 하려 하지 않는 것이다.

하나 되고 화목해지다

교회에 무슨 일이 생기면 함께 모여 의견을 나누고 기도하고 결정한다. 물론 믿음이 연약한 성도 가정은 때때로 시험에 빠지기도 한다. 그러나 회복되는 시간이 길지 않다. 특히 신앙의 본질인 회개가 신앙생활의 공통분모에 있기 때문에 재빨리 자신을 돌아보고 회개하며 회복하게 된다. 내가 가족 간에 서로 상처를 주지 않으려 노력하고 배려하는 삶에 대해 말했었는데, 교회 공동체 안에도 동일한 모습이 일어나고 있다. 성도와 성도, 가정과 가정이 화목해지고 있다.

목회자를 신뢰하고 목회자 가정을 존경하고 섬기다

전통적인 교회에서 10여 년간 사역했기 때문에 지금 사역하는 교회에 작은 변화라도 있으면 쉽게 감지된다. 결코 성도의 숫자가 적기 때문이 아니다. 나는 그동안 교회를 세 번 개척한 경험을 가지고 있다. 규모가 크든 작든 모든 교회는 비슷한 문제를 가지고 있다. 성도들이 목회자와 그 가정을 신뢰하는지 그렇지 않은지는 금방 구분할 수 있다. 기준을 말하지 않아도, 예를 들지 않아도 눈에 보인다. 그리고 성경 말씀에 기록된 가장 좋은 것으로 목회자 가정과 함께하기를 소망하고 실천한다. 한 예를 들어보면, 나는 최근에 성도들에게 이렇게 말했던 적이 있다.

"앨런 레드패스 목사님의 책을 보고 싶습니다."

자신이 이 일을 섬기겠다고 나선 가정이 세 가정이었다. 우리 교회는 미혼인 청년을 한 가정으로 쳐도 모두 열 가정이다. 그 중 3분의 1이 서로 섬기겠다고 하니, 이 주제에 적절한 예가 되지 않을까 싶다.

회개의 길을 함께 걷는 성도들 이야기

나 개인, 혹은 한 가정이 경험한 변화와 성숙이라면 이 글을 폄하할 수 있을 것이다. 그러나 나와 함께 회개 사역에 동참했던 대부분의 성도가 동일한 결과를 보여준다면 개관적인 증거가 될 수 있을 것이다. 그래서 나는 지난 10여 개월 동안 함께 회개와 축사의 길을 걸어온 생명의빛교회 지체들에게 네 가지 질문에 대해 솔직한 답을 써달라고 부탁했다.

1. 처음 회개하자는 요청을 받았을 때 어떤 마음이었습니까?
2. 회개하면서 겪었던 갈등을 솔직하게 적어주세요(지금 겪고 있는 것 포함).
3. 회개하면서 경험한 개인적 변화를 자세하게 적어주세요(가족에게 물어 보아도 좋습니다).
4. 회개하면서 경험한 가정공동체의 변화를 구체적으로 적어주세요.

우리 가정을 제외하고 우리 교회에는 총 아홉 가정이 출석한다. 여덟 가정이 출석했던 주일날 위의 질문을 작성해달라고 부탁했다. 이제 막 회개사역을 시작한 한 가정은 질문에서 제외시켰다. 일곱 가정 중 총 13명이 답을 적어 제출해주었다. 나는 성도들에게 부담을 주지 않고, 할 수 있으면 정직하고 솔직하게 써 달라는 의미로 이름 적는 칸을 만들지 않았다. 그럼에도 당당하게 이름을 쓴 성도들도 있었는데, 이름을 쓰지 않은 성도는 무기명으로 실었다.

손평화

1. 회개는 신앙생활을 하면서 가장 흔하게 들어온 단어였지만, 구체적으로 무엇을 어떻게 회개해야 하는지 배우고 나자, 그동안 회개에 대해 감성적, 관념적으로만 여겼던 것은 아닌가 생각하게 되었습니다.
한편으로, 그동안 회개한다고 할 때는 "잘못을 뉘우칩니다, 시정하도록 노력하겠습니다"라는 정도로 가볍게 여겨왔기에 죄라고는 생각하지만 어쩔 수 없는 영역이므로 굳이 회개할 필요가 있는지 의아했습니다. 그리고 회개를 체계적이고 구체적으로, 또한 오랜 시간을 들여 해야 한다는 것이 남들에게 이상하게 비치지 않을까 하는 마음이 들었습니다.
지나고 보면, 회개를 이해하고 시작했다기보다는 목사님과 목사님의 목회방향에 대한 신뢰로 시작하게 된 것 같습니다.

2. 회개는 오랜 시간 지속해야 하는 과정이었고, 날마다 시간을 할애하여 집중해야 하기 때문에 힘이 들었습니다. 처음에는 회개문을 따라 읽었는데, 그 내용들에 대한 감정이 동반되지 않아 '읽는 회개'의 실효성에 대해 의문이 들었습니다.
어느 정도 시간이 지나자, 회개를 하면 영적인 현상에 대한 구체적인 변화가 있어야 하는 것인데, 그런 점들이 보이지 않고 느껴지지 않아 내가 제대로 하고 있는 것인지 의문이 들기도 했습니다.

3. 내게 회개란, 그동안 잘못된 것을 깨우치고 반성하는 의미였다면, 지금은 주님

과 동행하지 못하는 삶, 주님을 의지하지 않는 삶의 태도를 죄로 알고 주님께로 돌이키는 생활을 하려 하는 것이 작은 변화입니다.

회개기도문을 읽으면서 회개할 때도 전처럼 책 읽듯 하지 않고, 행간에 담긴 저와 우리 가문, 조상들의 죄악 된 습성과 태도에 대해 안타깝고 애통한 마음을 담아 회개하는 변화가 일어났습니다.

4. 온 가족이 회개사역에 동참하게 되면서 회개라는 공통된 주제로 서로 이야기하다 보니 소통이 원활해졌습니다. 아이들의 태도와 생각에 좋은 변화가 나타났습니다.

사춘기 초기인 딸아이의 반항하고 반발하는 모습 때문에 걱정했었는데, 물론 여전히 부족한 부분이 있지만 웃고 이해하고 순종하는 모습들을 훨씬 더 많이 볼 수 있게 되었습니다. 회개사역이 우리 가정에 가져다준 변화라고 생각합니다.

김진분

1. 회개하자는 말이 생소하게 느껴졌습니다. 무엇을 어떻게 회개해야 할지 당황스러웠습니다. 회개문에 기록된 제목 하나하나를 대했을 때 나와 상관없는 것이라고 생각했습니다. 그래서 전혀 마음에 와 닿지 않았습니다. 그런데 회개의 영이 임하고 깊은 회개로 들어가자 닫혀 있던 저의 마음이 열렸습니다. 내가 회개문에 기록된 바로 그 사람이구나, 내가 죄 가운데 있는 사람이란 사실을 깨달았습니다.

2. 시부모님과 같이 사는 가정으로서 '제사 문제'를 해결하지 못해 늘 마음이 무거웠습니다. 계속해서 중보하며 기도하지만 '제사 문제'가 해결되지 않았습니다.

이것이 마음을 무겁게 하는 갈등입니다.

3. 혈기분노를 참지 못할 때가 많았습니다. 가족이 함께 회개하다보니 서로 조심하게 되고, 서로 협조하여 그런 기회를 아예 차단하니 절제할 수 있었습니다. 가족에 대한 조급한 마음도 점점 해결되고 있습니다.

4. 온 가족이 서로 잡아주고 끌어주고 세워주는 변화가 일어났고, 지금도 계속되고 있습니다. 그래서 회개가 살 길이라고 생각하게 되었습니다. 온 가족이 회개를 더 사모하며 한 마음이 된 것이 가장 큰 변화와 성숙입니다.

이도현

1. 2013년 10월, 처음 회개해야 한다는 가르침을 받았습니다. 18살인 저는 비록 나이는 어리지만 모태신앙이었기에 크게 혼란스러웠습니다. 교회에서 매 학년마다 제일 신앙생활을 잘한다는 소리를 들어왔고, 목회자가 꿈이었기 때문에 여러 번 제자훈련도 받는 등 나름대로 열심히 신앙생활을 한다고 생각했기 때문입니다.

가끔 수련회 저녁 집회 시간에 "잘못한 것 있으면 회개합시다"라는 메시지를 듣고 잠깐 회개한 것 빼고는 주일학교, 공과공부, 수요예배와 금요철야예배 등 어디에서도 회개에 관한 가르침을 배운 적이 없었기 때문입니다. 그런데 마음속에서는 회개는 옳은 것이고 당연히 해야 한다는 생각이 들기도 했습니다. 다른 한편으로는 "예수님을 믿으면 그 순간부터 우리는 구원받고 복을 받는다"라는 사상이 한국 교회 강단에 널리 자리 잡고 있어서 회개의 메시지가 낯설게 느껴졌습니다.

2. 크게 갈등을 겪은 일은 없습니다. 회개하기 전까지가 제일 큰 갈등이었습니다. 아버지와는 한 번도 갈등을 겪은 적이 없었는데, 부정적인 반응을 보이며 아버지와 의견 대립을 벌였습니다. 회개 사역을 시작하기 한 달 전부터 대화만 나누면 혈기분노가 일어나는 일이 반복되자 회개에 대해 반감을 갖게 되었고, 그것이 회개하기 전의 갈등이었습니다.

3. 회개하면서 개인적으로 경험한 가장 큰 변화는 스스로 감정을 다스릴 줄 알게 된 것입니다. 예전에도 감정에 자주 휘둘리지는 않았지만 순간적으로 치밀어오를 때는 나도 모르게 감정이 폭발했었는데, 회개한 이후에는 늘 마음에 평정심을 찾고 다스릴 줄 알게 되었습니다.

개인적으로 가장 큰 변화라면 예수님이 내 곁에서 항상 계신다는 것을 실제로 느끼게 된 것입니다. 그리고 일상생활을 하며 더욱 주님을 찾게 된 것이 가장 큰 변화이고 성숙입니다. 전에는 예배 때나 밥 먹기 전에만 주님을 기억했었는데, 지금은 길을 걸을 때도 주님을 찬양하고, 공부할 때도 주님을 찾게 되었습니다. 다른 무엇으로도 얻지 못했던 변화와 성숙입니다.

4. 가족 사이에 분쟁이 줄었습니다. 우리 가정의 경우 전에는 작은 문제로도 소리가 커지고, 한 달 넘도록 분쟁이 지속된 적도 있습니다. 그러나 지금은 대화를 통해 풀려고 노력하게 되었습니다. 절대 큰 소리 내지 않고 자신의 생각을 조곤조곤 이야기하며, 상대방의 이야기를 경청하여 타협점을 찾아 해결해 나가는 큰 변화와 성숙을 경험하고 있습니다. 또한 가족의 의견이 하나로 잘 모아집니다. 가족 전부가 주님의 음성에 귀 기울여 주님 주신 생각들을 서로 나누고 이야기하는 가정이 되었습니다.

이신홍

1. 평생을 모태신앙으로 살아온 내게 회개는 당연한 것인데 왜 또 회개하자고 하시는지 의아했습니다. 그것이 가장 큰 갈등이었습니다. 하지만 나의 삶을 곰곰이 뒤돌아보니 회개하는 모습은 찾아보기 힘들었습니다. 그동안의 회개는 잠깐 뉘우치는 정도였지 삶을 뒤돌아보며 조목조목 깊이 회개한 적이 없었습니다. 진정한 회심은 삶이 변화되는 것인데 말, 행동, 마음, 생각 등이 변화의 자리까지 나아가는 회개와는 거리가 멀었음을 발견했습니다. 처음의 의아함을 뒤로하고, 회개의 삶이 얼마나 중요한지 차츰 깨닫게 되어 감사할 뿐입니다.

2. 회개하기 전에는 나의 생각, 행동, 마음을 합리화하고 정당화하며 죄라고 생각하지 않았습니다. 회개하면서 이러한 나의 모습을 보게 되었습니다. 의지적인 나의 신앙생활이나 삶은 죄의 뿌리로부터 욕심과 탐심의 죄성을 동반한 삶이라는 것을 보게 되었습니다. 회개를 시작한 나의 죄성으로부터 나오는 모든 말, 행동, 삶 속에 묻어나오는 죄악의 현실을 보게 되니 회개에 대한 갈등이 시작되었습니다. 회개를 함에도 삶이 변화되지 않는 갈등이 한동안 지속되어 괴로웠습니다. 수개월 동안 지속된 마음의 갈등이 지난 후 고요해지기 시작했고, 회개의 삶을 사는 것도 내 의지로는 의미가 없음을 깨닫게 되었습니다.

단지 나는 회개할 뿐이고, 용서하고 치유하시는 분은 하나님이신 것을 인정하게 되었으며, 묵묵히 인내하면서 하나님의 임재를 기다리게 되었습니다. 그러나 성령이 함께하시는 진정한 회개의 자리로 가기까지는 아직 너무도 먼 거리가 있음을 아프게 깨닫습니다. 염산으로 납을 녹일 정도의 진정한 변화를 사모하지만, 마음속에 돌같이 굳어 있는 원죄와 자범죄가 가로막고 있음을 봅니다. 내 의지로 하는 모든 노력은 죄에서 출발함을 깨닫는 것이 감사의 조건이면서, 동시에 갈등의 요소라고 생각합니다.

3. 회개로 인한 내면적 갈등이 아직도 무수히 많습니다. 이것은 계속 회개하면서 치료되고 회복될 것을 기대합니다. 회개하면서 아내를 더욱 아끼게 된 것이 가장 큰 변화와 성숙입니다. 또한 자녀들의 내면적 갈등에 관해 자주 대화할 수 있게 된 것도 큰 변화와 성숙입니다.

회개하기 전의 집안 분위도 그렇게 모나지 않았지만, 회개하면서 집안 분위기가 더욱 부드러워졌습니다.

솔직히 아직 변화된 삶을 살고 있지 못하기 때문에 어떻게 표현해야 할지 모르겠지만 나의 의지적인 생각을 주님께 맡겨 드리기 시작한 것 또한 변화와 성숙입니다.

마음속 생각들을 하나씩 비우고는 있지만 태도의 변화에까지 이르려면 무수히 많은 욕심과 생각들을 내려놓아야 하는데, 눈을 뜨고 있는 이상 그리고 호흡하고 있는 동안은 죄의 굴레에서 허우적거리는 나의 모습을 보게 된 것이 변화요 성숙이 아닐까 싶습니다.

4. 가정의 가장 큰 변화는 가족 서로가 이해해주려는 태도가 진지해졌다는 점입니다. 나는 아내의 입장을 전보다 조금 더 생각하게 되었고, 아내도 남편에 대한 이해의 폭을 좀 더 넓게 갖게 되었습니다. 부모와 자녀들 관계도 서로 존중하게 되었습니다.

나는 정리정돈을 선호하고, 아내는 약간 자유스런 스타일이었습니다. 그동안 이러한 성격 차이로 약간 갈등을 겪었는데, 회개 후 아내는 정리정돈을 잘하는 성품으로 변화기 시작했습니다.

이미 7-8년 전에 가족 간의 갈등이 주님 안에서 거의 해소되어 신앙생활에 기쁨이 있었는데, 지금의 변화는 더욱 깊이 있는 내면의 변화, 태도의 변화로 이어져 가족 간에 행복감이 더해졌습니다. 뿐만 아니라 가정의 어려움을 함께 고민하고 대화하며 기도할 수 있는 신앙공동체가 된 것이 가장 값진 삶의 변화와 성숙이라 생각됩니다.

아이들도 부모의 사업적인 일을 함께 의논하고 기도하며, 주님의 뜻을 분별해 나아가게 되었고, 부모도 아이들의 고민을 듣고 함께 기도하게 된 것이 가장 값진 변화와 성숙입니다.

이영미

1. '평상시 기도하며 회개하고 있는데 왜 더 회개하자고 하시지? 훈련까지 받으며 회개를 해야 하나? 이것이 진정한 회개가 될까?' 하는 의문이 들었습니다. 긍정적인 생각보다는 부정적인 생각이 더 많았습니다. 나중에 안 사실이지만 처음 나의 생각은 교만이었습니다. 그리고 회개는 마귀가 가장 싫어하는 일이라는 것을 깨닫게 되었습니다.

2. 먼저, 내 속에 있는 죄들이 소용돌이치는 것이 갈등이었고, 예전에는 알지 못해 그냥 지나칠 일들이었는데 회개하면서 그것이 죄라는 사실을 깨닫게 된 것이 또한 갈등이었습니다. 죄와 싸우되 피 흘리기까지 싸워야 하는 것이 가장 힘든 갈등이었습니다. 그리고 회개는 죽을 때까지 계속해야 하는 것이니 말로 자랑하기보다는 삶에서 열매로 드러나야 하는 것이기에 더욱 어려운 것이 아닌가 하는 생각이 갈등입니다.

3. 모든 육체의 하나님 여호와, 그분을 인정하고 하나님의 통치를 받기 위해 죽을 때까지 회개해야겠다는 마음의 결단이 가장 큰 변화입니다.
일어나는 모든 일 가운데서 평정심을 유지하는 것 또한 큰 변화입니다.
나의 행동을 돌아보며 하나님을 더욱 의지하게 된 것이 큰 변화입니다.

4. 가족 모두가 회개하면서 우리는 죄인 중에 괴수라는 것을 알게 되어 우리가 할 수 있는 일이 아무것도 없다는 것을 깨닫고 하나님을 전적으로 의지하게 된 것이 가장 큰 변화입니다.
무슨 일이든지 가족이 함께 기도하며 하나님의 뜻을 분별하기 위해 애쓰는 것과 그것을 통해 하나님이 행하시는 일들을 바라보며 감사와 영광을 돌려드리게 된 것이 가정공동체의 큰 변화와 성숙입니다.

이도의

1. 나는 어렸을 때 회개를 접했기 때문에 당연한 것이라고 생각했습니다. 회개 기도문을 처음 접했을 때 "왜 이렇게 좋은 것을 주일학교에서는 가르쳐주지 않았을까, 당연히 해야 하는 것 아닌가?"라고 생각했습니다.
대부분의 교회가 회개보다는 복과 은혜를 강조한다는 사실을 듣고 회개에 대해 관심이 더 커졌고, 열심히 기도하면서 회개했습니다.

2. '회개는 끝없이 해야 한다'는 이야기를 듣고 고민이 되었습니다. 한번 회개하면 더는 그것에 대해 회개하지 않아도 된다고 생각하고 있었기 때문입니다.
때문에 아직도 내 안에 존재하고 있는 죄를 위해 끊임없이, 죽을 때까지 회개해야 한다는 말을 들었을 때 믿기지 않았을 뿐더러 거부감까지 생겼습니다. 하지만 지금은 그 사실들을 인정하고 받아들여 끊임없이 회개하려고 노력하는 중입니다.

3. 내게 일어난 가장 큰 변화는 자세의 변화입니다. 하나님과의 친밀감이 점점 커져가고, 그로 인해 더욱더 기도하고 찬양하며 말씀을 읽고 회개하고 있습니다.

   둘째 변화는 지혜와 지식을 활용하는 면에 많은 변화가 일어났습니다. 회개하기 전에는 지혜와 지식을 구하기만 했지 사용하지 않았습니다. 그러나 회개하고 난 후부터는 잘 사용하고 있습니다.

   셋째 변화는 사람과의 관계입니다. 전에는 나와 다르면 이해하지 못하고, 오히려 비판하기까지 했습니다. 회개하고 나서부터는 그것 자체가 죄인 것을 알아 다른 사람들을 배려하고 인정해주는 태도로 바뀌었습니다.

   전체적으로 말하면 회개를 하고 나서 마음과 행동이 죄를 멀리하고, 성경에 나오는 신의 성품에 아주 기초적인 단계에 들어간 것을 알게 되었습니다. 앞으로 나의 행동, 생각, 마음의 죄를 더 깊이 회개하고, 주님 앞으로 나아가야겠다는 생각을 합니다.

4. 회개 후 우리 가족은 서로 간에 피해를 주는 일이 없어졌습니다.

   온 가족이 회개하면서 기다림의 시간을 갖고 있는 것이 큰 변화입니다.

   온 가족이 회개하면서 자기 자신을 내려놓으려고 노력하는 것이 큰 변화입니다.

   온 가족이 가능한 주님께 의탁하려고 하는 등 많은 변화가 일어났습니다.

무명의 성도 1

1. 회개하자라는 말을 들었을 때 무언가 변화를 바라고 있던 터라 쉽게 받아들여졌습니다. 하지만 회개기도문을 받고 보니 너무 실제적이라 내가 살아온 과거 이야기같아서 쉽게 받아들여지지 않았습니다. 그 또한 저의 많은 죄 때문이라고 생각합니다. 처음이나 지금이나 회개는 필요하다고 생각합니다.

2. 알고도 죄은 죄 때문에, 자신과의 싸움에서 졌을 때, 하나님이 원하시는 삶과 반대되는 삶을 살 때 속상한 것이 갈등이었습니다.

3. 다른 사람과의 관계가 너무나 조심스러워지고 있습니다. 그러다 보니 웃음이 많이 없어진 것 같습니다. 한 가지 변화라면 영적인 것을 있는 그대로 받아들이게 되었다는 점입니다.

4. 무응답

무명의 성도 2

1. 몇 년 전 성령의 인도하심으로 깊이 회개했던 경험이 있었기 때문에, 다시 회개를 접하자 그때 놓친 부분을 다시 할 수 있다는 마음에 감사함으로 받아들였습니다. 하나님이 귀한 기회를 주셨다는 생각이 들었습니다.

2. 처음에는 나의 노력으로 많이 했습니다. 시간에 쫓기면서도 아주 열심히 회개했

습니다. 회개를 중단해야 할 상황도 있었지만 성령님의 인도하심으로 잘 감당했습니다.

"쓴 뿌리 회개 사역" 진단을 받고 재정이 뒷받침되지 않아 갈등하였습니다. 하지만 회개 자체에 대한 갈등은 아니었습니다. 재정 문제를 뒤로하고 다시 회개에 매진하려 하니 회복이 쉽지 않아 어려웠습니다.

3. 무응답

4. 회개하는 동안 남편 친구 부친이 세상을 떠났습니다. 그 집에서 가족이 시신을 운구하면 귀신이 제대로 못 간다며 남편에게 운구를 부탁했습니다. 하지만 미신을 따르지 말아야겠다는 생각에 어려운 결단을 내리고, 좋지 않은 시선을 뒤로하고 집으로 돌아왔습니다.

얼마 전까지 남편과 혈기분노를 내며 다투었는데, 이제는 서로 그렇게 하지 않으려 애쓰게 되니 서로를 힘들게 하던 일이 많이 줄었습니다.

남편이 장례식장에 갈 경우 더는 향을 피우지 않게 된 것도 변화입니다.

무명의 성도 3

1. 어떻게 회개해야 할지 몰라 고민이었습니다. 그래도 회개하면 영안이 열리고 마귀들을 보고 대할 수 있다고 하니 회개해야겠다고 생각했습니다.

2. 처음 회개훈련을 받을 때는 잘 하고 있는 것인지 걱정이 되고, 실로암센터까지 가는 것 자체가 귀찮고 힘들었습니다. 그리고 매일매일 회개를 해야 하는 것이

힘들었습니다.

3. 회개하면서 영안이 열리고 세력들을 느낄 수 있어서 신기했습니다. 회개하면서 답답했던 가슴이 뚫렸습니다. 회개하기 전에는 혈기를 많이 부렸는데 회개 이후 많이 줄었습니다. 예전에는 예배시간에 많이 졸았는데 회개 이후 전혀 졸지 않게 되었습니다. 회개하기 전에는 공부할 때 집중이 안 되었는데, 이제는 집중할 수 있게 되었습니다. 전에는 내가 모든 것의 중심이었는데, 회개 후 모든 중심에 주님을 모시게 되었습니다.

4. 회개하기 전에는 가족끼리 사소한 일로 다투었습니다. 회개하면서 서로를 잘 이해하게 되었고, 서로를 더 아끼게 되었습니다.
회개 이후 무언가를 결정할 때 그것이 주님이 좋아하시는 일인지 아닌지를 생각하고 행동하게 되었습니다.

무명의 성도 4

1. 가끔씩 하던 회개를 또 하자고 하니 처음에는 마음이 열리지 않았습니다. 그리고 공부하기에도 바쁜데 많은 시간을 회개에 투자해야 한다고 생각하니 동참하고 싶지 않았습니다. 그래도 회개를 하면 영안이 열리고, 영안이 열리면 여러 은사를 받고, 영들을 보고 분별할 수 있다고 해서 회개를 하게 되었습니다.

2. 방학 동안은 쉬면서 나만의 시간을 갖고 싶었는데, 센터에 가서 오후 2시부터 9시까지 많은 시간을 보내야 하는 것이 갈등이었습니다. 그리고 회개하기 위해

서 진실로 주님께 나아가야 하는 것이 힘들었습니다.

3. 회개하고 영안이 열려 세력을 느끼고 보게 되었습니다. 회개하면서부터 혈기분노를 내는 일이 줄어들었습니다. 예전에는 몸이 아프거나 약한 마음이 들 때 아무 생각 없이 지나쳤는데, 회개하고 나서부터는 생활 속의 작은 것 하나하나를 대적하려 하고 있습니다. 회개하기 전에는 모든 것을 내 중심으로 생각했는데, 회개하고 나서부터는 모든 중심에 주님을 놓으려고 노력하게 되었습니다.

4. 첫째, 가족끼리 서로 더욱 이해하고 사랑하게 되었습니다.
둘째, 모든 것을 결정할 때 "주님이 기뻐하시는가? 주님이 좋아하시는가?"를 기준으로 판단하고 결정하려고 노력하게 되었습니다.
셋째, 가족에게 무슨 일이 생기면 전에는 짜증부터 냈는데, 회개하고 나서부터는 먼저 주님께 여쭤보게 되었습니다.

무명의 성도 5

1. 하나님이 날마다 은혜를 베풀어주시고 용서해주시는데, 그 귀한 시간을 회개 기도로 다 보내야 하는 건가라는 불신이 들어 쉽게 받아들이지 못했습니다. 지금까지 사랑의 하나님만 고집하고 나 중심의 신앙생활에 길들여진 가치관에서 나온 현상이었다고 생각됩니다.

2. 먼저 회개하고 훈련받은 지체들이 세력이 붙는다며 멀리하고, 이전과 다른 행동을 하니 오해하고 판단하여 관계가 멀어지고 교회를 떠나는 지체를 보며 진정

하나님의 뜻은 어디에 있는가, 흩으시는 것이 하나님의 뜻인가라는 혼란과 낙심에 오랜 시간 전진하지 못하고 정체되어 있었습니다.

그러나 훈련을 하고 지속적인 회개기도를 하면서 먼저 훈련받고 회개한 지체들의 모습을 이해하게 되어 교회를 떠난 지체를 안타까워하며 기도하고 있습니다. 우리와 함께 이 은혜를 누릴 수 있도록 간절히 기도하고 있는 것이 제가 갈등하고 있는 점입니다.

3. 가장 큰 변화는 "내가 할 수 있는 것은 오직 감사와 기도/ 두 손을 높이 들고 주를 찬양합니다"라는 고백을 할 수 있게 된 것입니다. 이렇게 고백하기까지는 내면의 진통이 많았습니다.

나의 생활부분을 진단받았을 때 "악" 하는 비명과 함께 쥐구멍에라도 숨고 싶었습니다. 부끄러움에 고개를 들 수 없었습니다. 양파껍질을 벗겨내듯 끊임없이 드러나는 죄 된 나의 모습을 인정하고 싶지 않았는데, 이제는 하나님과 지체들 앞에 '나는 죄인 중에 괴수입니다'라고 인정하고 받아들이게 된 점이 제일 큰 변화입니다.

회개한 후 무엇을 하든지 주님을 생각하고, 주님만을 위해 주님 앞에서 하려는 마음을 드리며 집중하고 생각하는 모습으로 변화되고 있습니다.

땅의 것들(거짓, 수다, 음란, 욕심, 탐욕, 짜증, 미움, 시기 등)이 생각나고 내 속에서 꿈틀거릴 때마다 십자가를 세우는 모습으로 변화되고 있습니다.

4. 아이들에게 퍼붓던 "정신 차려!" 등의 큰소리와 매 소리가 사라졌습니다. 전에는 아이들을 윽박지르고 쉽게 매를 들며 훈계했었는데, 이제는 함께 둘러앉아 찬양하고 서로의 생각을 말하며 기도하는 가정으로 변화되었습니다.

죄된 옛 모습이 나오면 작은 소리로 십자가를 세우며 '지금 나는 주님이 필요합니다'라는 신호를 보내는 우리 가족, 아직은 혈기가 나와 찌르고 있지만 이내 꺾이고 잠잠해져 평안을 찾게 되었습니다.

서로의 모습을 인정하고, 잘할 수 있도록 격려하며 칭찬하는 가정이 되었습니다. 그래서 서로 돕고 웃음소리가 창문을 넘쳐흐를 정도가 되었습니다.

아이들이 제사의 영으로 눌리고 아둔하여, 아무리 오래 책상에 앉아 있어도 열매 없는 과실과 같았는데, 회개하면서 공부에 대한 부담을 떨치고 목표를 향해 자신감을 찾아 공부하는 모습으로 변화되었습니다.

물질의 주인이 하나님임을 알고는 있었지만 인정하지 못해 내 손에 들어온 것을 내어놓지 못했는데, 모든 것의 주권자 되신 주님을 인정하고부터는 주님의 부유함이 우리 가정에 가득하여 전과 다름없는 재정인데도 아주 넉넉하게 사용하게 되었습니다.

가족 각 개인에 대한 소망을 갖게 되었고, 하나님의 역사 가운데 우리 가족이 서 있다는 생각에 더욱 하나님 뜻에 순종하며, 하나님이 뜻하신 바가 무엇인지 자주 묻게 되었습니다.

회개는 벼랑 끝에 서 있던 우리 가족이 하늘의 기쁨을 맛볼 수 있게 된 밧줄과도 같았습니다. 감사해요, 하나님!

무명의 성도 6

1. 오랜 기간 신앙생활을 했지만 입술로 하는 회개만 생각했습니다. 그런 회개는 궁극적인 문제 해결이 못 된다고 생각하면서도 방법을 몰라 입술로 회개한다고 생각해왔습니다. 그런데 구체적인 문구가 적힌 회개문을 가지고 회개하자는 말을 들었을 때 갈등보다는 '하나님이 나를 이렇게까지 사랑하시는구나'라고 생각했습니다.

2. 회개하면서 나 자신의 죄에 대해서 내가 너무 관대하다는 생각을 하게 되었습니다. 마음과 행함이 따르지 않는 회개를 주님이 얼마나 기뻐하실까라고 생각하면 낙심하게 되는 것이 갈등입니다. 끝까지 할 수 있을까를 걱정하는 갈등이 있습니다.

   가정과 주변 환경, 생활 여건에 따라 변화는 자신을 바라보며 하나님이 회개의 영을 충만하게 부어주시길 기도하지만, 그렇게 되지 않는 것이 갈등입니다.

3. 오래 신앙생활을 하며 그동안 해결되지 않은 죄 문제로 원망과 두려움에 짓눌려 살았는데, 회개하면서 이 짐을 덜게 되었습니다. 툭하면 부렸던 혈기분노를 조금이나마 다스리게 되었습니다. 어떤 문제가 일어나면 전혀 인내하지 못했는데, 이제는 인내해야겠다는 생각과 더불어 이해하는 마음을 갖게 되었습니다. 거짓과 교만한 삶으로 인해 늘 불안하고 초조했는데 회개하면서 세상이 줄 수 없는 평강을 누리게 되었습니다.

4. 가족 간에 서로 불편한 점이 많았는데 회개하면서 서로를 이해하게 된 점이 가장 큰 변화입니다. 상황과 환경에 집중하던 가족이 회개하면서 주님과 말씀에 집중하고 모든 문제를 주님께 맡겨드리게 되었습니다.

무명의 성도 7

1. 『성경적 영성』이란 책을 읽고 회개에 대해 처음 접했습니다. 지금까지 알고 있던 회개와 믿음 그리고 그리스도인의 생활에 대하여 뭔가 잘못되었다는 것을 깨달았을 때 큰 충격을 받았습니다.

죄로 인해 악한 영들이 내 몸에 실체로 거하여 내 삶에 영향력을 미치고 있음을 느끼게 되었습니다. 계속 회개하자 영이 조금씩 맑아져 하나님과의 관계가 회복되었고, 죄에 대해 민감하게 되었습니다. 권면에 의한 것이 아니라 책을 소개받고 책을 통해 스스로 시작한 회개였기에 마음에 어떤 반감이 없었습니다. 오히려 기쁘게 회개를 시작했습니다.

2. 가족 전체가 함께 회개에 임했으면 갈등과 어려움이 적었을 텐데, 혼자 시작해서 가족과 갈등을 겪었습니다. 우리 가족은 전통적인 교회에서 배운 회개의 개념을 언급하며, 이미 모든 죄를 용서받았는데 왜 반복적으로 회개해야 하는지, 회개를 강조하면 남아날 사람이 없다는 식으로 반응할 때 제일 힘이 들었습니다.
온 가족이 함께 회개를 시도한 적이 있는데, 꼭 이렇게 해야 하는가에 대한 반론으로 어려움을 겪기도 했습니다.
회개하고 영안이 열려 영적인 세계를 조금씩 알게 되었지만, 가족과 함께 나눌 수 없는 것이 갈등입니다.

3. 영성을 회복하게 된 것이 가장 큰 변화입니다. 내 영이 주님과 더욱 친밀하게 기도하고, 찬양하며, 이론이 아닌 실제로 영적인 예배를 드리게 되었습니다.
다른 변화로는 영적인 세계에 민감하게 되었습니다. 죄에 대해 민감하게 되었고, 죄와 악한 영들과의 관계를 느끼면서 영적 공격을 받지 않으려고 깨어있기 위해 노력하며, 전신갑주로 무장하기를 힘쓰고 있습니다.
또 다른 변화로는 전에는 세상적인 모임에 함께 있어도 아무 어려움을 느끼지 못했는데, 영적 공격이 있음을 알고부터는 업무와 관련된 모임이 아니면 절제하게 되었습니다.
종합하면 회개 후 회복된 영성으로 인해 죄에 대해, 영적 세계에 대해, 사람과의 관계에 대해 민감해져 그리스도의 군사처럼 구별되고 헌신된 살고자 노력하게 되었습니다.

4. 나 혼자 회개하면서 가정에는 오히려 어려움과 갈등이 나타났습니다. 전통적인 교회에 출석하다가 교회를 옮겨야만 하는 상황에 이르렀습니다. 온 가족이 함께 회개하지 못하게 되자 교회 선택은 각자 하게 되어 가정은 신앙적으로 오히려 불안해진 모습입니다. 하지만 이러한 갈등도 악한 영들의 공격인 것을 알기에 극복될 것을 믿고 기도하는 중입니다. 온 가족이 회개에 동참하기를 기다리고 있습니다. 나 개인의 열매와 하나님의 은혜를 통해 이상적인 가정공동체로 변화해갈 것을 기대합니다.

위의 글은 생명의빛교회를 구성하는 일곱 가정 중 여섯 가정의 고백이다. 그 가운데는 세 명의 중학생, 한 명의 고등학생이 있다. 이들은 자신을 꾸미려 하지 않는 진실한 성품을 가진 자녀들이다. 이들의 고백을 통해 부흥회나 수련회 때 일시적으로 강조하는 회개가 아니라, 회개가 신앙생활의 본질이 되고 축사가 동반되었을 때 어떤 변화가 일어나고, 어떤 열매를 맺는 성숙함이 있는지를 가늠할 수 있으리라고 본다. 앞서 말했듯, 나는 제자훈련으로 성장했으나 실제 제자훈련 사역을 하면서 변화와 성숙이 없는 현실에 부딪혀 갈등을 겪었다.

그래서 기도생활이 뒷받침된 제자훈련 사역을 했지만, 그 또한 일시적인 변화와 성숙이었을 뿐 과정이 끝나면 곧 제자리로 돌아가는 모습을 보며 절망감을 느끼기도 했다. 그러나 나와 우리 가족이 회개와 축사를 받은 후 일어난 변화와 성숙의 열매를 보며, 교회가 '회개와 축사'를 기본으로 할 때 성경이 말하는 교회와 성도의 모습을 회복할 수 있다는 가능성을 확신했다. 물론 그 과정이 쉽지만은 않지만, 하나님이 기뻐하시는 가정 공동체, 교회 공동체로 세워질 수 있음을 확인해가고 있다.

내가 생각하는 결론은 이것이다. 회개와 축사가 근본이 된 개인과 가정, 그리고 교회에는 반드시 변화와 성숙이 일어나고, 세상의 빛, 소금의 역할을 감당하게 된다는 것이다. 그리고 "복음은 회개와 죄 용서의 두 축으로 이루어져 있다"는 칼빈의 말을 다음과 같이 보충하며 글을 맺는다.

"복음은 회개와 죄 용서의 두 축으로 구성되어 있다. 회개에 축사가 뒷받침될 때 개인과 가정, 교회에 변화와 성숙이 일어나 그로 인해 최고의 열매를 거둘 수 있다."

참고문헌

1. 번역서

칼빈, 『기독교 강요』, 성서서원 편집부 편저, 2009.
조일 비키, 『칼빈주의』, 지평서원, 2010.
로버트 레이몬드, 『최신 조직신학』, CLC, 2004.
최찬영, 『도르트 신조』, 예영커뮤니케이션, 2013.
정동진, 『깊은 우상숭배 회개문』, 유하, 2014.
이진희, 『유대적 배경에서 본 복음서』, 컨콜디아사, 2011.
조셉 얼라인, 『회개의 참된 의미』, 목회자료사, 2011.
조셉 얼라인, 『돌이켜 회개하라』, 규장, 2012.
찰스 G. 피니, 『구원에 이르는 회개』, 은성, 2010.
존 비비어, 『회개』, 순전한 나드, 2011.

2. 논문

심명석, "개혁주의 구원론에 있어서의 회개의 중요성과 필요성", 『성경과 신학』 제 50권, 2009.
_____, "베르까우어의 회개론", 『장로교회와 신학』 6, 2009.
신원균, "칼빈의 구원론 연구", 칼빈개혁신앙연구회(개인자료실), 2011. (cafe. daum.net/jrcalvin)
김성규, "마가복음에서 회개:예수의 회개 요구와 선지적 의미", 『여름 성서마당』, 2007.

3. 원서

John Owen, An Exposition of the Epistle to the Hebrews, Printed for T. Tegg, 1991.

4. 인터넷 사이트

www.theopedia.com
www.crcna.org/welcome/beliefs
www.reformed.org/documents
www.crosslow.com
www.theosnlogos.com
www.once4all.org
http://blog.naver.com/noemisuh/220084348769